SHONIN-DO

商人道に学ぶ時代がやってきた

〜日本の商人道の源流〜
石田梅岩に学ぶ

田中真澄
MASUMI TANAKA

ぱるす出版

はじめに

サラリーマンの生き方は、「未就学期」→「就学期」→「就職期」→「定年」→「余生」というプロセスが、これまでの一般的なパターンでした。

この生き方は、江戸時代の武士階級の生き方にそっくりです。つまり今までのサラリーマンは武士道的な生き方を踏襲してきたものと言えます。

しかしこの生き方は、次第に過去のものになりつつあります。多くの日本人が人生100年を視野に入れなければならなくなった今日、定年の後の40年近い年月を何も働かずに過ごすことが、これから高齢者が年々激増する日本社会では、とても許されなくなってくるからです。

考えてみれば、それは当然のことです。企業には経営目的（経営理念・使命）があるように、私たち個人にも生きる目的がなければなりません。なぜなら経営目的が明確でない企業は、長い間に経営不振に陥って倒産する確率が高いのと同様に、個人もまた長く生きるようになった今日では、生きる目的をはっきりと自覚し、それに沿って生きていかなければ人生を最後まで活き活きと幸せに生き抜くことができないからです。

企業でも個人でも長く繁栄するには「目的の明確化」が必要なのです。

現在の私たちの生きる目的は、これまでの拙著の中で、次のように定義しようと度々訴えてきました。

「良い習慣を身に付け、一生涯、自分の能力を磨き続け、世のため人のために死ぬまで懸命に働くこと」

この生きる目的で大切なポイントは、①良い習慣を身に付けること、②生涯ずっと自分の能力を磨き続けること、③死ぬまで懸命に働くこと、の3つです。この3つのことは、日本ではすでに広く人口に膾炙《かいしゃ》されています。

ところが、こうした言葉を口にする人は結構多いにもかかわらず、実際にそのような人生を送るための準備を怠らないでいる人は意外に少ないのです。その原因は、現在の日本人の約90%は、広義のサラリーマンとして生活しているために、自律自営の意識に乏しく、普段、良き習慣を身に付けることも、自己研鑽を続けることも、死ぬまで現役として活動していくための準備をすることも、本気で考えて、そのように生きている人がほとんどいないからです。

その結果、今の日本では、定年後、世のために貢献できる自分の仕事を持つこともなく、貯金・退職金・年金を頼りに老後の生活を送り、困った時は国や市町村の世話になりながら、生涯を終えるという人が圧倒的に多いというのが現実の姿です。

こうした生き方は、老後が短かった過去の人たちがたどった道であって、今では通用しなくなりつつあるのです。また、近年になって、そのことを訴えるマスコミの報道が少しずつ増えています。

最近のマスコミは、高齢者の生き方について盛んに論ずるようになり、その影響もあって、国民の間でも「人生100年」についての関心が徐々に高まりつつあります。

国際長寿センターでは、今の100歳以上の高齢者6万5692名（2016年9月1日現在）が、2020年には12万8000人、2030年には27万3000人、2040年には42万人となり、この増加傾向はずっと続くであろうと予測しています。

『ライフシフト　100年時代の人生戦略』（東洋経済新報社・ロンドンビジネススクールの2人の教授の共著）では、2007年生まれの子どもの平均寿命は、日本107歳、アメリカ・イタリア・フランス・カナダは104歳、イギリス・103歳、ドイツ102歳になるであろうと語っています。

このように100歳以上まで生きることが不思議ではなく、当たり前になる時代がまもなくやってくるとなれば、私たちは、100歳まで生きることを前提とした新しい生き方を身に付けるべきですし、それが時代からの要請とも言えるのです。

つまりサラリーマンは退職後、自営業主あるいは雇わず雇われずのフリーエージェンシーのようなインディペンデント・コントラクター（略称でＩＣ）、すなわち個人事業主（自営業・自由業・起業家）として働く時代が本格的に到来するということです。

したがって、これからの私たちは、サラリーマン人生の後には、誰もが個人事業主として生きる「就商期」という新たな人生のステージを迎えることを予測して、そのための準備をしておくべきなのです。

マスコミではそのことを「人生二毛作時代」とか「一身にして二生を生きる時代」と表現しています。

最近の私は、そのことを「就職期の後では就商期を生きる」という言葉で表現し、所属価値に懸ける武士道的生き方から存在価値に懸ける商人道的な生き方への転換を図るという生き方革命が必要になってきたとも提言しているのです。

そのことは、『日経ビジネス』誌でも２０１６年9月19日号で「サラリーマン終活『定年後30年時代』の備え方」という特集を組み、サラリーマン時代は「後半の人生のリハーサル期」とし、その後の人生を「本番」と位置付ける発想で捉え、定年後は余生という考え方は過去のものになると報じています。

このような考え方が、最近、急速に人々の間で広まるきっかけを作ったのは、安倍内閣による「働き方」の構造改革政策です。政府も国民が持つ従来の働き方を変革しなければならない時期にきていると真剣に考えているのです。

この改革の項目の中に「テレワーク・副業・兼業などの柔軟な働き方」が掲げられています。ここで政府がいう副業とは、従来の家計の補助として小遣い稼ぎを行う仕事ではなく、勤め先の仕事と同時並行的に本来の仕事以外の仕事に自ら挑戦し、自分の実力を多角的に磨くための仕事を指します。

この政府の副業解禁の改革に、マスコミは素早く反応しました。『Wedge』誌（2016年9月号）では「副業解禁　変わる企業と社員の関係」というタイトルの特集が組まれましたし、『週刊東洋経済』誌（2016年10月29日号）も特集「会社公認　副業のススメ　ふたつの仕事でキャリアを磨け」を組み、副業にする詳しい情報を提供しています。『日本経済新聞』でも第一面で「働く力再興第2部　改革に足りぬ視点」を5回にわたって連載しました（5回目・2016年10月31日付）。

一方、ビジネス書籍の分野でも、副業に関する書籍が次々と出版されており、大型書店のビジネスコーナーには、それらの本が並べられています。

政府主導による働き方改革が推進されている背景には、①社会全体で労働力を確保する必要性が出てきたこと、②非正規労働者や高齢者のための雇用促進、③働き世代の生産性向上、の3つの要因が存在するからだと指摘されています。


この政府側の提言を待つまでもなく、国民の側でも以前から副業厳禁の施策を緩和して、本業とパラレルにできる副業を認めてほしいという潜在的な要望がありましたから、副業解禁の情報はいちはやく人々の間に好感をもって受け止められています。特に、自分の能力をもっと多角的に活かしたいと考えている人ほど政府の政策に期待を寄せています。

政府の働き方改革の中身を知った時、私は自分のサラリーマン時代を思い出し、政府の言う副業を私は無意識のうちに本業と同時並行的にやってきたのだなと改めて気付かされました。

その副業をサラリーマン時代に継続してやってきたことが、43歳の時にモチベーショナルスピーチを武器に社会教育家として独立することにつながったのだと私自身では自己分析しています。

私は東京教育大学在学中の4年間、事業主の子弟の家庭教師をしてきた経験から、卒業後にサラリーマンになっても、それで人生を終わってはならない、最終的には事業主になれるように、サラリーマンの時に事業主になるための準備として、何としても営業職を経験することが必要であると考えました。

そこで就職の時、事業主になるために最も適した就職先として日本経済新聞社を選びました。そして入社に際して営業の職場で働くことを強く志望し、その通りの人生を歩むことができました。

日経時代の最初の10年間は業務局に籍を置き、販売店援助の仕事に従事しました。そこでは新聞販売店の売り上げ拡大を促す仕事の一環として、私は店主を支援するために店員教育の一部を自主的に担わせてもらうことにしました。

具体的には、店員会において、店員が扱う日本経済新聞という商品をよく理解してもらうための経済解説をする役割を担当することでした。

昔も今も都内の新聞店で働く人の多くは住み込みのアルバイト学生です。その学生諸君は、朝夕の新聞配達の仕事が終わった時間帯を使って行う店員会に出ることを、疲れもあって嫌がる傾向がります。その後向きの彼らに対して、店主に代わって私が彼らに話をすることは、ある意味では厳しい仕事でした。

そこで私は彼らが将来の人生にどう立ち向かえばいいのかを悩んでいることを知り、まずその悩みを解決し、仕事に対するモチベーションを高めることが必須だと考え、経済解説の話よりも、まず彼らの意欲を前向きにする話を優先し、それに力を注ぎました。

大切なのは、彼らが私の話に食らいついてくれることでした。そうなるには、私が話す内容に独自の工夫をしなければなりません。しかもその結果、彼らがやる気を抱いて仕事や人生に積極的に立ち向かう気持ちを抱いてくれなければ、私の役割は発揮されなかったことになります。

その難問に、私は逃げないで真正面から取り組みました。彼らとの対話を重ねながら、私自身がアルバイトをして大学を卒業したことから、自分が学生時代にどう悩み、将来への不安をどう克服して現在に至っているのか、そして今、人生をどう生きようとしているのか、その体験談を赤裸々に話しながら、彼らの悩みに向かい合っていきました。

この私の態度が功を奏して、彼らは次第に胸襟を開いてくれるようになりました。

アメリカの代表的な話し方教室であるデール・カーネギー教室では「talk your story」（あなた自身の話をしなさい）を原則にしていますが、確かに相手の耳をこちらに傾けさせるには自分自身の事例を話すことが最も効果的です。

そういう原則はずっと後で知ったことですが、私はまさしくその原則を使って話を展開していったことになります。

その原則の力が効いたのでしょう、彼らは私の話を受け入れてくれ、彼らの心的変化を促すことができました。私の話を聴いて、その後真剣に勉強し、卒業後、税理士・公認会計士など専門職に就いた人が幾人も出てきました。

この学生たちへのモチベーショナルスピーチを繰り返し重ね続けた10年間の店員教育の経験は、私の大きな財産になりました。この経験は、私のボランティア的な仕事を通して得たものですが、それは私にとって金額では換算できない貴重な報酬であったのです。

さらに日経から日経マグロウヒル社という日米合弁の出版社に出向してからの10年間も、モチベーショナルスピーチの活動を続けました。同社では私が実質的な販売促進の責任者でしたから、それに関わる人たちのやる気を高めて業績を伸ばすことが仕事のうえでも求められたからです。

そこで、正社員だけでなく内勤のアルバイトの人たちにも、販売会社のセールスマンの人たちにも、外注先の電話セールスグループの人たちにも、毎月のそれぞれの会議で、モチベーショナルスピーチを展開していきました。このスピーチも参加者の勤労意欲を向上させるためのものでしたから、これもやはり副業として捉えていいと思うのです。

そして日経退社2年前からは、午後6時以後の勤務終了後は、出版業界の人たち向けのセミナーの講師に招かれて話すことが多くなり、そこでは直販ビジネスに関わる人々の動機付けの経験談をたびたび話しました。


こうして日経時代の20年間に、人前でモチベーショナルスピーチを1500回は経験しました。幸いにも、私の話は参加者から面白くて役に立つとの評価を受けることができ、さらにリピートの要請につながりました。

その要請に応じていろいろな場で経験を重ねるうちに、人々のモチベーションを高める話をすることが、私の天職ではないのかと思うようになっていったのです。

それまでの我が国には、新しい知識や技術を伝える講演・講話をする人は大勢いたにもかかわらず、聴講者に対して前向きな心的変化を起こさせるモチベーショナルスピーチを専門にする人はほとんど存在しなかったのです。

その要因は、人にやる気を起こさせる話は非常に難しく、同時に講演者の心的負担が大きいからなのです。

モチベーショナルスピーカーが存在しない日本の現状を打開するためには、私自身があらゆる保障を捨てて、独立独歩の状態から這い上がっていく経験をベースに、プロのモチベーショナルスピーカーなることしかないと悟りました。

この無茶な挑戦に私が踏み切れたのは、20年間の日経で、他人をやる気にさせる話を数多くこなし、その結果、人々に評価される経験を重ねることができたからなのです。

この日経時代、本業の仕事の成果を少しでも向上させようとの思いから発したボランティア的な私の活動が、今の働き方改革でいう副業に相当するものであったと言えるでしょう。

副業は本業の他に金銭的な収入を得る手段だと考えるのが一般的ですが、私のようにお金で換算できない報酬を得ることも副業と考えれば、本業に付属した仕事で、自発的に他者に貢献できる仕事は、すべて副業と見なせるはずです。

このように副業を多面的に考えていけば、誰もが副業を行えることになります。そうした副業でいろいろな経験を積んでいけば、それが本人の実力を高めることにつながり、会社の仕事を離れても、独立してやっていけることになるのです。

先に紹介した日経の「働く力再興第2部　改革に足りぬ視点」5回目の記事のタイトル

は「会社にしがみつく時代は終わった」でした。その記事の中に次のような一節があります。

「米国には個人の才覚で働くフリーランサーが5500万人いる。労働人口の3分の1を占める。自己研鑽に励み、企業に寄りかからない。将来の技術革新やサービス開発の土壌と期待される。（中略）

企業が労働者に多様な生き方を認め、労働者はそれを生かして成果を出す。そうした好循環を生むのが働き方改革の主眼である」

政府の働き方改革を待つまでもなく、企業内で副業解禁を促す動きが、徐々に出てきています。

2016年10月13日、首相官邸4階大会議室で「働き方改革に関する総理と現場との意見交換会」が開催されました。その場には安倍首相の他に政府側から働き方改革担当大臣や厚生大臣も出席しました。

この会合は「転職・中途採用、再就職、副業・兼業、テレワークという4つの分野の現場従事者から安倍首相が意見を聴く」という趣旨で行われました。

現場従事者の出席者は転職・中途採用経験者が4名、再就職経験者3名、副業・兼業経

験者が3名、テレワーク経験者が2名でした。

この副業・兼業経験者の3名のうちの2名はロート製薬の社員でした。なぜロート製薬か、そのわけは『週刊東洋経済』誌（2016年10月29日号に掲載されている「山田会長、どうして副業解禁したのですか？」のタイトルで、ロート製薬会長兼CEO山田邦雄氏と東京大学大学院教授柳川範之氏とが対談した次の記事を読むと分かります。

柳川　一般的に経営トップは副業に対して、「本業がおろそかになる」「副業をきっかけに、優秀な社員が逃げ出してしまう」というネガティブな反応を示します。ここをどう考えていますか。

山田　本業がおろそかになる危険性は、もちろんあります。しかし副業ができないから本業に集中するというのは、集中している「ふり」にすぎず、いわばニセモノの集中です（笑）。それよりも副業を通して世の中を知ってもらい、自分の仕事の面白さや価値を再発見してほしい。（中略）また優秀な人材が逃げるかというと、確かにその可能性はあります。しかし今の時代は会社の事業やビジョンに魅力がなければ、優秀な人は副業にかかわらずどのみち飛び出してしまう。副業を禁止して逃げないように囲い込むというのは、そもそも成立しない話です。

山田会長はオーナー経営者ですから、こうした発言ができるのでしょうが、このくらい柔軟な発想ができる経営者がこれからは求められてきます。それほど働き方に対する世間の変化は大きくなっているのです。

優秀な社員は自分の潜在能力の開発とその発揮に強い関心を持っています。そのニーズに応えられる企業の柔軟な対応力が、今や働く側から問われつつあるのだと言えるでしょう。

特に定年を迎えるシニア世代からは、企業の前向きな対応力が求められています。このところシニア層に起業家を目指す人が増えているからです。

２０１４年版の『中小企業白書』では、２０１２年の1年間に起業した22万３０００人のうち、60歳以上が32％を占め、全世代で最多だったと報告しています。シニア世代の間で起業が増加傾向にあるのは、これからの長寿時代を生き抜くためには社会とつながっておくことが大切であること、将来の年金減額に備えて少しでも収入を確保しておくべきだという認識が、シニア世代に広まっていることからきていると考えられます。

私は、これからは人生１００年の時代が到来するのだから、サラリーマンは定年後、自らの力で自営の人生を歩めるような新たな人生設計を持つべきだと、38年前に社会教育家として独立して以来、ずっと訴え続けてきました。

この私の提言を受け入れて、実際に定年後または途中から独立して、後半の人生を起業家として堂々と現役を張っている方々が、今では全国に大勢いらっしゃいます。そういう人たちは、私の講演を直接聴かれたか、講演テープを聴いてくださったか、あるいは拙著を読んで私の主張に共鳴してくださった方々です。

そうした方々と講演会場での面談やメール・手紙のやりとりで知り合うことによって、私は起業家の実際の声を毎年数多く聴く機会に恵まれてきました。しかし一般のサラリーマンは起業家の人と出会うことは非常に少ないと思います。世界一起業率の低い日本ではそれは当然のことなのです。


サラリーマンから起業家に転ずる人に関する調査が、2012年2月に経済産業省の要請で行われ、その結果が「起業家精神に関する調査」報告書（財団法人ベンチャーエンタープライズセンター発行）に出ています。

それによれば、2011年度の日本の起業家に転出した人の比率は100人中5・2%になっています。ちなみにアメリカは12・3%、フランスは5・7%、イギリスは7・3%、ドイツは5・6%です。つまり先進諸国では、100人中、5~12%の人がサラリーマンから起業家に転じているのです。

日本の起業率は先進諸国で最も低い数値になっていますが、その要因の一つは、日本ではこれまで勤務先では副業を禁止していたからと考えられます。

ところが、政府の働き方改革の影響もあり、これからの企業では先のロート製薬のように、副業を認めるところも増えてくるでしょう。

いや、会社では相変わらず副業を認めないとしても、社員の側で将来のために、密かに副業的な仕事を模索するようになるでしょう。それが時代の流れというものです。

したがってその時に、組織を離れた後はどのような生き方をすればいいのか、将来の独立に備えて、どんな準備をしていけばいいのかを早い段階から真剣に考え、その方法を実際に行動に移す必要があります。

私が43歳で社会教育家として独立できたのは、その準備を早くからしていたからです。

そこで、この本では、私の経験をベースに、人生二毛作の時代の生き方について様々な面から論じてまいります。

実体験に基づいた生き方論ですから、必ずや、どこかでお役に立つはずです。

「人の行く裏に道あり花の山、いずれの道も散らぬ間に行け」という言葉があります。花見をする際、表道を行くにしろ裏道を行くにしろ、どの道の場合も、行くなら花が散る前の早い時期がいいという意味です。つまり何事も多くの人が気付く前に、先手を打って行うことの大切さを示唆しているのです。

人生二毛作の時代が刻々と近付いてきているのですから、そのための準備をするかしないかによって、老後の長い人生の幸不幸が決まってくることは間違いのない時代になりました。

この本がその準備の一環として、あなたのこれからの人生にプラスの作用を及ぼせるものであってほしいと、私は心から願っております。

この拙著は、どこからでも興味を感じたところから読んでくださって結構です。そうしていただければ、人生二毛作時代の生き方の大筋がつかめ、次第に他の頁にも関心が及び、これからの新しい生き方に勇気と自信を抱いて立ち向かう気持ちが強くなられると思います。

この本を書くにあたり、私の活動を長くご支援くださっている全国の田中真澄ファンの皆様のお声を参考にさせていただきました。そのことに対し、心からお礼を申し上げます。

また、私の著作を常にバックアップしていただいているぱるす出版社のスタッフの皆様のご協力に対し、衷心より感謝申し上げます。

2017年9月吉日

田中 真澄

『商人道に学ぶ時代がやってきた
〜日本の商人道の源流〜石田梅岩に学ぶ　目次

第5章　老舗が守り続けた商人道こそ真っ当な日本人の生き方——145

第6章　商人道に徹し、オンリーワンの存在価値を築いた成功者に学ぶ——181

あとがき……210

第1章

老後の人生を国や市町村に頼る時代は終わった

第1節　老後の人生を国や市町村に頼る時代は終わったと覚悟すること

私は現在81歳ですが、この年齢まで生きれば、昔ならば長寿者の特権として「余生」を送ることが当然と考え、世間もそれを容認してくれたはずです。

しかしこれからの時代は、そんな甘えは許されなくなります。高齢者といえども元気でいる間は働くことが求められる時代になってきたからです。

そこでまず知っておきたいのは、高齢者の定義がまもなく変更になるであろうということです。具体的には次のようなことです。

２０１７年１月５日、日本老年学会と日本老年医学会が合同で運営するワーキンググループ（座長・甲斐一郎東京大学名誉教授&大内尉義虎の門病院院長）は、現在の「65歳以上を高齢者とする」の定義を「75歳以上」に引き上げるべきであるとする国への提言を発表したことがマスコミで報じられました。

この提言では、65~74歳は「准高齢者」とし、社会の支え手として捉え直すべきであり、75~89歳を「高齢者」と定義し、90歳以上を「超高齢者」と呼ぶのが妥当であるとしています。

この提言を国が受け入れ、現在の高齢者に対する制度を新たなものに変更するには時間がかかるでしょう。

しかし実際に、今の65～74歳の年代はまだまだ心身共に健康で、社会活動が可能な人が大多数であることを考えると、いつの日か、この提言通りの高齢者定義が実現することになると思います。

75歳以上を高齢者と定義できれば、65～74歳までの人たちが労働人口に留まってくれ、毎年数十万人ずつ減少しているわが国の労働力をカバーし、さらに社会保障費の膨張に歯止めをかけることができます。したがって政府もこの定義を支持するためにあらゆる努力をしていくはずです。

今のところ大企業は、この定義に基づいて現在の65歳までの雇用延長をさらに10年延ばすことは、すぐには実現できないかもしれません。

しかし人手不足が深刻な中小零細企業では、現場の労働力不足を補うために、すでに65～74歳、あるいはそれ以上の高齢者も働いているのが現状ですから、いずれはこの定義が定着してもおかしくありません。

その結果、高齢者といえども元気な間は年齢に関係なくどこまでも働き続けた戦前の農業中心であった時代のような世の中に逆戻りするかもしれません。

年金・医療保険制度がなかった戦前の日本では、国民の多くは、元気な間は死ぬまで働くのが普通だったのですから。

その戦前の状況について、１９２３（大正12）年生まれの作家・佐藤愛子氏は、２０１７年1月14日・21日号の『週刊現代』の特別企画「１００年生きるのは幸せなのか?」で次のように発言しています。

「私は大正生まれですから、年金もなければ国が年寄りのことを思ってあれこれ手を打ってくれるような時代には育っていません。当時の人は若いころから一生懸命働いてカネを貯めて老後に備えるということをしたものですよ。『年をとったら国が何とかしてくれるだろう』なんて考えることがそもそもの間違いです。私たちの世代は戦争、敗戦を体験していますから、自分の暮らしは自分で責任を持つ、そう考えるしかなかった」

戦前生まれの私は佐藤氏より13年後輩ですが、氏の指摘はよく分かります。私の両親は共に明治生まれでしたから、それこそ戦前の福祉制度のない時代に生まれ、家庭を築きました。ですから老後は自分の蓄えで生きるか、または子どもたちに世話になって生きることを当然視していました。

そんな雰囲気の中で育った一人息子の私も、無意識のうちに両親の老後は自分が面倒を見なければならないと考えていました。

そうした考え方は、戦前生まれの日本人なら誰もが持っていたのではないでしょうか。

ですから戦後、日本が福祉国家を目指して国づくりに力を入れ、老後は国や市町村の世話になってもいいものだという考え方が戦後生まれの人たちに広まっていくことに、私たち戦前生まれの人間は、ほんとにそれでいいのかと危惧を抱いてきました。

２０１６年８月に出た佐藤愛子氏の近著『九十歳。何がめでたい』がベストセラーになった背景には、戦前派世代の存在があったと推察されます。

その戦前派の危惧が、今、現実の問題になりつつあるのです。そのことを具体的な数字でみてみましょう。

２０１３年12月９日号の『日経ビジネス』の特集「年金はどこまで減るか」は、世間に大きな波紋を生じさせました。その証拠に、その後、多くのマスメディアが年金問題を取り上げ、人々に老後不安の意識を芽生えさせました。

私が講演の中で年金減額のことを話し始めると、聴講者はいっせいに耳を傾けてきます。いかにこの問題に人々の関心が強いかがその状況からわかります。

この特集では、65歳時に支給される年金額が80歳時にどの程度減額になるのかを示しています。23万円の人は17万円に、25万円の人は19万円に、28万円の人は22万円に、30万円の人は23万円に、と平均25％も減額になることが推計されています。

この減額の要因は、２００４年の年金改正の際に、賃金や物価の動向とは別に、働き手の減少に応じて強制的に年金支給を減らすルール（マクロ経済スライド制）を定めたことによるものです。

この年金減額の計算には、物価上昇率が加味されていません。もしその間に物価上昇率が1％続けば、65歳時に10万円で購入できたものが80歳時には16％増の11万6千円に値上がりすることになります。同様に1・5％の場合は25％増の12万5千円になります。

このように物価上昇率を考慮すると、年金の総体的な減額率は40％から50％になることもありうると覚悟しておかなければなりません。

65歳で支給される年金額が80歳時には半額になる可能性があるとなれば、とても老後を年金だけに頼ることはできません。

それではどうしたらいいのか、年金の専門家たちの対策を集約すると、次の2つになります。

①老後資金の積み立てを早くから始める（自動積立定期・個人年金保険・投資信託積立など）。

②65歳以後も働き続けられる力を身につける（心身共に健康を保つ・世の中に役立つ専門スキルを磨く・資金をつぎ込まないでできる起業など）。

２つの対策を実施するには、ロングランの人生設計が必要となります。老後の人生では、できるだけ年金を当てにしなくても生活できるような自分作りを早い段階からスタートすべきだということです。

国や市町村の福祉政策に頼らず、自助自立の人生航路を歩むための生き方に本気で挑戦すること、その覚悟が今、全ての人に突き付けられているのです。

第2節　死ぬまで働く終身現役を貫く決め手は何か

私が講演の中で常に言っているのは、「死ぬまで働くことが最高の年金」ということです。その前提で人生を考えれば、自ずと答えは見えてきます。

前節で紹介した年金専門家の２つの老後対策（老後資金の積み立て・老後も働ける力を身に付ける）がその答えになりますが、ここで大切なのはどうしたらそのことが実現できるのかということです。それを知るには昔の人の知恵に学ぶことです。

戦前は年金も医療保険もなかったことから、人々は若い時から老後の生活を考え、どんな時代になっても自律自助の生活を続けられる力を身につけることに懸命でした。

そのために江戸末期から明治時代に生まれた人は、心ある人ほど早く世に出て実業の世界で独立することを志しました。そして自分たちが事業で成功した暁には、子どもたちに十分な教育を施し、子どもと共にさらに事業を発展させるという人生を目指して努力したのです。


そのことを示すデータがあります。

1920年（大正9年、明治維新から52年目）と言えば、明治初期生まれの親の子どもたちが旧制中学に進学した時期です。この頃になると、事業で成功した親は子どもをエリートが集う学校に進学させせました。

当時、最も優秀な生徒が進学する旧制中学は、東京高等師範学校附属中学校でした。ここを卒業して旧制第一高等学校→東京帝国大学へ、あるいは陸軍士官学校→陸軍大学校へ、海軍兵学校→海軍大学校へ、と進むのが日本の代表的なエリートコースでした。

そこで一体どんな親たちが東京高等師範学校附属中学校に子どもを通わせたのかを知る

ために、１９２０年5月1日調べの全校生徒の父兄３９１名の職業を調べてみました（『東京高等師範学校付属中学校一覧』大正９～14年度版の１１１頁より）。その内訳は次の通りです。

文官51名、武官22名、学校教師92名、弁護士10名、医師33名、銀行会社員68名、農業７名、工業３名、商業40名、その他65名。

文官とは高級官僚、武官とは高級軍人、銀行会社員とは一流大企業に勤務するエリート階層の人たちのことです。彼らの子弟が多いのは当然として、農業・工業・商業・その他のいわゆる実業人の子弟が約３割も占めていることに注目したいのです。つまり世の中を動かしているのは、表向きには高級官僚をはじめとするエリート層の人たちだけのように見えますが、実際には商人道の道を歩んで事業で成功した人たちの存在も大きいということです。

官僚・軍人・エリート社員といった武士道的生き方を歩んだ人と共に、実業の世界で商人道的な生き方をたどった人も、エリート階層に連なっているという事実が、日本には伝統的に存在することを知っておくことが重要です。

その一例が松下幸之助氏です。氏は小学校中退の学歴ですが、早くから電機業界に飛び込んで業績を挙げ、日本を代表する実業人の第一人者になりました。

したがって氏の子孫はエリート校出身で、娘婿で2代目社長の松下正治氏は東京帝国大学法学部出身、その息子の長男正幸氏は灘高等学校→慶應義塾大学経済学部→米国ウォートンスクールＭＢＡ課程に留学→本社常務・専務・副社長・副会長→関西経済同友会代表幹事→関西経済連合会副会長→ＰＨＰ研究所会長・松下不動産社長・松下幸之助記念財団理事長を務めるという、まさにエリートコースを歩んでいます。


しかも商人道の道で成功した実業人とその子弟には実質的な定年がありませんから、65歳過ぎてもずっと現役で活動できます。松下正幸氏は１９４５年10月の生まれで現在71歳ですが、まだ現役の経営者です。

一方、官僚や銀行などの大企業の役員には定年があり、役員定年は平均で68歳と言われています。特例を除けば大体70歳前後で引退というのが一般的です。

その点、事業主の場合は定年がありませんから、本人が健康であれば、80代まで現役として活動していられるのです。


このことからも分かるように、死ぬまで働くためには、どこかで商人道的な生き方に転じることです。組織の一員として他人の采配を受ける立場を卒業して、自分の意志で自由に働ける立場を確保できるように、若い時代から自助独立の道を探り続けていくということです。

私はそのことを所属価値から存在価値への転換と言ってきました。つまり「どこに所属しているか」よりも「何ができるか」に答えられる自分づくりを心がけていくのが、これからの時代の生き方上手のコツだということです。

幸い私は、大学時代の４年間、事業主の家庭の家庭教師をしていた時に、その方々の生活を垣間見ながら、サラリーマンと事業主の違いを知り、卒業後はまずサラリーマンとなり、それで終わらないようにいつかの時点で、事業主として生きる生き方をしようと心に誓っていました。

そのために勤め先も将来事業主になるための勉強ができるところとして、日本経済新聞社へ就職し、職種も営業職を志望しました。そして常に自分が事業主になったつもりで仕事をし、仕事先でもできるだけ事業主に接触することを心掛け、その対話を通して成功する事業の展開の仕方、事業主として成功するための生き方を考察し続けました。

日経時代には労働組合の委員を２度経験しました。１度は職場委員として、２度目は中央執行委員として。いずれの場合も労働者の目線ではなく経営者の目線で労使問題を考えるように心掛けたものです。

今でも懐かしく思い出す事例があります。1963年の全国新聞労連主催の職場委員大会に、私が日経代表として参加した時のことです。日曜夕刊廃止が議題に上がり、オブザーバーとして参加していた新聞販売店主代表の方から「新聞配達の店員の労務軽減・配達員不足を解消するためにも日曜の夕刊廃止を何としても実現したいので協力してください」との強い訴えがありました。

そこで販売店の現状を知っていた私は、店主代表の訴えを新聞労連としても全面的に支持していこうではないかと熱弁を振るいました。この発言が効いたのか、賛成多数で日曜夕刊廃止を新聞労連としても働きかけていくことが決まりました。

会議終了後、新聞店主代表の人たちが私のところにやってきて、「あなたの話に感動しました。運動を続ける勇気と自信が出てきました」とお礼を言われました。それは私が事業主の立場になって、本気で話したからなのでしょう（2年後に日曜夕刊は全国の新聞社で廃止されることになりました）。


私はこのことを通して、改めてサラリーマンでも事業主の立場で物事を考えていくことの必要性を悟りました。その発想法を身に付いていったお陰で、私は43歳で独立することの決断もできたのです。事業主はいつも危機意識の下で先を読む習慣が身に付いていますが、私の場合もまさにそれができたのです。

第3節　組織を離れて生きていくには手に職をつけておくのが大前提

明治・大正時代に生まれた一般の国民は、生活の知恵として「手に職をつける」という生き方を大切にするのが当たり前でした。したがって当時の旧制中学→旧制高校→旧制大学に進学するのは、旧上級武士のエリート層か、あるいは成功した事業主の子弟であると受け止め、一般の親たちはたとえ子供の成績が良く、経済的な余裕があったとしても、小学校を卒業すると農業学校・工業学校・商業学校・師範学校などの実業学校に進学させたものです。そしてさらにできる子弟は、農業専門学校・工業専門学校・商業専門学校・高等師範学校に進み、その道のプロとして早く活躍できる道に進ませたのです。

その感覚は終戦直後も世間に強く残っていました。例えば私が育った九州では先を読む人は旧帝大の九大に進学しないで、農林業を目指す場合は鹿児島大学農学部（旧鹿児島高等農林専門学校）か宮崎大学農学部（旧宮崎高等農林専門学校）を、工業分野の場合は熊本大学工学部（旧熊本工業専門学校）か九州工業大学（旧明治工業専門学校）を、商業分野の場合は長崎大学経済学部（旧長崎高等商業学校）か大分大学済学部（旧大分高等商業学校）など、専門力養成で定評のある学部への進学を希望しました。

私の場合は当初は九州大学進学を目標としましたが、高3の夏休みの時、「手に職をつける」ことの重要性に気付き、父とも相談して、先々は教育分野で活躍したいとの志を抱き、そのためには九大ではなく東京教育大学に進学して教師の資格を取得することにしました。

東京教育大学は、旧東京文理大学・旧東京高等師範学校・旧東京農業教育専門学校・旧東京体育専門学校が戦後の学制改革で統合して普通の大学として再スタートした大学です。そしてさらに1973年に筑波大学となりました。

同大学は、戦前、わが国の教育界をリードしてきた歴史を持つだけに、現在でも教育界において隠然たる影響力を保持していますが、私が入学した当時はその力はもっと強く、卒業生は教育界のエリートとして活躍していきました。

「はじめに」で書いた通り、私は入学後、事業主の子弟の家庭教師をしたことから、卒業後はビジネスマンとして経験を積みながら、いつの日か事業主になりたいという新たな目標を抱くようになりました。それでも、まさかの時のために手に職をつけておくことだけは忘れませんでした。東京教育大学を卒業する以上、同大学で取得する教員免許状は、世間に通用する最も有利な武器であることは、誰もが疑わないことだったからです。

したがって、私は入学後の2年間は、教養課程の履修科目と共に教員免許取得に必要な科目の履修に必死で、大学構内で日曜日以外は終日過ごしました。おかげで中学校・高等学校の「社会科」と「職業指導」の教員免許を取得することができました。

卒業後は日本経済新聞社に就職したことで、教員免許は実際には不要のものとなりましたが、しかし仕事を行ううえでこれらの資格を有していることは自信になりましたし、さらに独立後、「社会教育家」と名乗る際に、その資格が心の支えとなりました。

日経に入社して10年間、その間の業務局・販売局・社長室での活動が認められたのでしょうか、１９６９年に日経と米国最大の出版社マグロウヒル社との合弁で日経マグロウヒル社が創設された時、私はその新会社に日経から出向する第一陣のスタッフに選ばれました。

当時の日経の社長・圓城寺次郎氏は、合弁事業を何としても成功させなければならないという強い使命感から、出向するスタッフには日経各部門の精鋭社員を充て、これらスタッフの活動に対して、全社で応援する態勢を敷きました。

そのこともあって、私を含めたスタッフ全員は、仕事にやりがいを感じつつも、一方で事業を成功させなければならないという重い責任感に苛まれました（日経退社直後の胃の内視鏡検査で胃潰瘍の跡が見つかりました。多分、日経マグロウヒル社創業時のストレスが原因だったと思います）。

さらに、販売担当の現場責任者を任された私は、課せられた仕事が成功しなければ、責任を取って会社を辞めることも覚悟したものです。その覚悟を支えたのも、東京教育大学での教員免許の取得でした。

幸い日経マグロウヒル社の業績は予想をはるかに超えるものとなり、以後の10年間、私は担当の仕事で好業績を重ねることができました。そのこともあって、このまま日経マグロウヒル社に留まっていれば、私は社内的には恵まれる立場に立てたであろうことは自分でも十分に予測できました。

しかし一方でこのまま会社に安住してしまえば、私の当初の計画である事業主への転身が危うくなるという考えが次第に強くなっていきました。

ちょうどその頃、私は業務終了後、月に数回、サラリーマン勉強会に参加し、他社の中堅管理職の人たちと親しく付き合っていました。その時にアメリカではモチベーショナルスピーカー（人にやる気を起こさせるための講演を専門にしているプロ）が幾人もいるという情報を入手しました。

そして調べてみると、彼らは社会的にも高く評価され、収入もいいことが分かりました。私はこれまでの仕事の経験から、このモチベーショナルスピーカーの存在に惹かれました。もし日本でもそういうプロの仕事が成り立つとすれば、私もやれるのではないか、いや、それは私がやらねばならぬ仕事ではないかと考えるようになったのです。

それからというもの、モチベーションに関する学習を積むと同時に、系統的に話力を身に付ける自己研鑽が必要と考え、まずアメリカの話力教室で最も知られているデール・カーネギー・コースの夜間講座で学ぶことにしました。

夜間のコースは14週で修了、開講は午後7時からでしたので、早速参加し、しかもその後1年間インストラクターの助手を務める機会にも恵まれました。そのおかげでカーネギー・コースが伝授する米国式の話し方の神髄を身に付けることができました。

さらに今度は日本の話し方も学んでおくべきと考え、当時、日本の代表的な話力指導者として著名な永崎一則氏が創設した話力総合研究所の土日講座に1年間通い、その上に同研究所の講師資格も取得しました。

私の実力を認めてくれた永崎氏は、同研究所が担当していた首都圏各市町村の成人学級での夜間話力講座の講師役を私にも与えてくれ、モチベーショナルスピーチを実践する場を手にできたのです。

こうして独立に備えて余暇を活用して話力インストラクターの資格を取得し、実際に夜間の話力講座で数々の経験を3年間も重ねることができました。

このことは、モチベーショナルスピーカーという手に職をつける実際の経験となりました。しかも日経という枠を超えた場で、色々な職種の人たちを前にしてモチベーションを高める話ができたこと、外部の人たちが私の話力に評価をしてくれたこと、そして何よりも話力のプロである永崎一則氏から「田中さんはプロとしてやっていけます」とのお墨付きを貰えたことは、私の大きな自信になりました。それが日経中途退社の決断につながったのです。

第４節　所属価値に安住してはならぬ、いつの時代も実歴が物を言う

学校を卒業後、そのままサラリーマンになった人は、勤務先で多くの時間を過ごすことから、勤務先が世間でもあります。その環境にどっぷりつかると勤務先では通用する肩書きが、そのまま一般の世間でも通用すると考えがちです。

しかしそれは錯覚に過ぎません。世間と勤務先とでは価値観が違います。なぜなら組織内の身内の価値（所属価値）と世間における価値とは違うからです。

世間で通用するのは「何ができるか」の存在価値であって、組織内での所属価値は、世間一般ではあまり重視してくれないものなのです。ところがそれを本当に理解しているサラリーマンはごく少数です。

それは致し方のないことです。組織を離れて自分の存在価値だけで生きたことがなく、自分の存在価値を高めようと努力したことのない人にとって、所属価値と存在価値の違いを理解するのは無理というものでしょう。

日経時代の先輩や同僚・後輩の中には定年を迎えてフリーな立場になると、自分のキャ

リアを活かして、私のような講演業を仕事にしたいと考える人も出てきます。そうすると中には私に「田中君、俺も君のような仕事がしたいので、仕事を紹介してくれないか」と相談を持ちかける人も出てきます。

そういう人は自分が「日本経済新聞社」の○○部長・○○担当といった肩書きのおかげで仕事ができてきたことを、自分の実力でやってきたと思い込んでいる傾向があります。

そこで私は、これまで講演してきた実績を訊ねてみることにしています。その多くは新聞社の人間として活動していた関係で招かれたケースがほとんどです。その事実が分かると、私は「あなたの本当の専門は何ですか、日経以外のメディアで発表した資料とか著作を教えてください」と聞くことにしています。

これに明快に答えられる人はごく稀です。在籍中の仕事は会社の看板、すなわち所属価値でなされたものであって、プロとしての存在価値を示してはいないのですが、会社の看板で仕事をしてきた人はそれが分からないのです。

この冷厳な事実をよく理解できている人は、サラリーマン時代から仕事以外のところで専門力を磨き続け、自分の存在価値を身につけます。

その代表的な人物の一人が、現在は㈱イエイリ・ラボ社長で、日本唯一の建設ＩＴジャーナリストとして活躍中の家入龍太氏です。

氏は1959年広島県の生まれの現在58歳ですが、50歳の時に独立し、今では建設業界に建設ITの情報を提供している特異なプロのジャーナリストです。氏は1982年に京都大学工学科土木工学科を卒業後、1984年、米国ジョージア工科大学大学院の修士課程を修了、続いて1985年に京都大学大学院土木工学の修士課程を修了すると、日本鋼管（現JFEエンジニアリング）に入社し、4年後の1989年に日経BP社に転職した経歴の持ち主です。

日経BP社では建築IT関係の専門記者としてこれまで積み上げてきた専門力と語学力を駆使しながら、国内だけでなく海外の現場を広く取材活動し、氏独自の情報をBP社の建築誌を通じて、次々と伝えていきました。

そして独立前の5年間は『日経コンストラクション』副編集長、『ケンプラッツ』編集長、事業部次長などを歴任し、建設IT関係の情報を統括する役割を担い、2009年、満20年の勤務を重ねて、50歳の早期退職年齢に達したことを機に同社を円満退社したのです。

私は1979年に日経マグロウヒル社（現日経BP社）を退職していますので、その10年後に入社した氏と私の接点は2005年頃までは全くありませんでした。

ところが氏は記者として数々の仕事をこなしている頃から、私の著作をかなり読んでくれていたようです。

そのことから突然「ぜひ、直接会って相談したい」旨のメールが来ましたので、都内での公開講演会の会場の控室に来てもらい、氏の相談に応じました。そして私の講演を実際に聴講してもらい、その感想と共に氏の独立を支える具体的なキャリアを詳しく教えてほしいと伝えました。

私の講演では、これからはサラリーマンから事業主になる時代がくるから、その準備だけはしておこうという話を必ずしていますから、その辺のことを氏はどう受け止め、実際にどう準備しているのかを知りたかったのです。

氏の便りを読みながら、氏の気持ちは確かなもので、プロとしてやっていけるだけの準備（氏は中小企業診断士の資格も取得）を着々と積み上げてきていることを知ることができました。

そこで、自営の生活がどんなに厳しいものか、それを乗り越えるには具体的に仕事の面で何をしておけばいいのか、日常においてどんな生活態度が必要か、など私の知りうる限りの独立に際しての心得を伝えました。

私の忠告を真摯に受け止めた氏は、準備に準備を重ねて5年後に独立に踏み切ったのです。独立後も東京で開催される私の公開講演会に毎回参加し、さらに本人の大きな進展があるたびに私に便りを寄せてくれました。

今から４年前、氏の便りに対して送った私の返事をここに紹介します。（２０１３年１月30日付）。文面から氏の活躍の様子がうかがえるはずです。

「家入様が日経ＢＰサイトの寄稿で、私の提言を「７つの心得」にまとめてご紹介いただいたこと、そしてまた関西大学の講義で「経営者の心得」が昨年以上に反響があったとの報告をうかがい、共に嬉しく感じております。

今や、家入様はプロフェッショナルとして建築業界や大学などをベースに、ワールドワイドな活躍をなされています。独立までの豊富なご経験による情報提供が読者や聴講者のニーズを見事に満たしていらっしゃるからです。

家入様は、これからまさしく脂の乗った時期を迎えられます。お仕事もどんどん入ってくるでしょう。それに対して､それこそ年中無休で頑張っていただきたいと思います。「長時間労働に勝る商法なし」と私は訴えてまいりましたが、これは掛け値なしの本音です。働ける時に精一杯働いておけば､どんな時代になろうとも堂々と生きていけます。

私はこの３月で77歳になりますが、未だに仕事を頂戴しています。独立して34年間、仕事一筋に生きてきた私を世間は見捨てないで温かく見守ってくれています。

今の日本では、勤勉に生きることがあまり推奨されませんが、いつの時代においても成功する人は黙々と自分の仕事に打ち込んでいるものですね。その成功への道を懸命に、しかも地道に歩んでいる人は怖いものなしです。(以下省略)」

家入氏のホームページを一読すれば、氏が年中無休・24時間受付けの精神で精力的に仕事をしていることがよく分かります。その仕事ぶりが氏のファンを増やしているのです。どんな時代でも仕事に誠心誠意打ち込む人や商店・会社は顧客に恵まれることを、氏の事例が見事に証明しています。

第5節　今や誰もが人生二毛作の計画を持つことが必要な時代になった

昨今の新聞・雑誌が読者のために提供する人生計画の解説には、どれも「人生100年」が前提になっています。5年ほど前までは「人生90年」が前提でしたのに、いつのまにか10年も延びているのです。そのことは生命保険や損害保険で保険の期間を設定する場合も同様です。

このことから推して、今後は人生のあらゆる場面で「人生１００年」が前提になると思われます。

今から37年前の44歳の時、私は最初に出した本『乞食哲学』（産能大出版部）で「人生百年時代に備えて」という一節を設け、これから40年後には平均90歳まで生きられるという見通しがあるから人生１００年を前提に人生を考えましょうと提言しています。

ところが当時の日本人の平均寿命は75歳前後でしたから、この提言に対し「そんなことはありえない」との批判の声が当時たくさん寄せられたものです。

しかし私は戦後の日本人の著しい平均寿命の延びから考えて、人生１００年の時代の到来は間違いないと思っていましたし、アメリカのセンテナリアン（centenarian、１００歳人）関係の書籍を取り寄せて読んでいましたので、私の考えは単なる独断や偏見ではないと確信していました。

実際に私自身がいつの間にか81歳になって高齢者の一人になった今日、多くの90歳前後の人たちと接する境遇にあることから、「人生１００年」が現実のものになってきたことを強く感じています。

高齢者になって痛感するのは、定年後の長い老後をどう生きるかで、その人の人生は決るということです。若い時代にエリートサラリーマンでバリバリ活躍した人が、定年後に会ってみると昔のような活き活きした生き様が感じられないケースを私は数多く見てきました。

こういう人に共通しているのは、生きがいの喪失です。その生きがいを創り出す要素は「他者との交流」と「自分の仕事を持つこと」であることは心理学の常識になっています。

この2つの要素は生きがいの裏表の関係にあります。つまり他者との交流から仕事が生まれ、仕事を持つことで他者との交流が盛んになるわけです。

定年後、仕事から遠ざかっている人がよく語る言葉に「年賀状の枚数が極端に少なくなった」というのがあります。そのことからも言えるように、年賀状の枚数はその人の人間関係がどの程度かを示す指標でもあるのです。

定年後も現役を張っている人は、かなりの年賀状の交換があるのが普通です。例えば私が出した今年の年賀状の枚数は1300枚弱でした。60代までは3000枚以上出していましたが、70歳になった時に思い切って半分に整理し、その後も儀礼的なものは徐々に減らしていき、目下現在の枚数になったのです。

残したものの多くは私の支援者とファンの方々です。この方々の存在のおかげで、私の仕事は今も続いているわけですから、これ以上に枚数を減らせません。したがって仕事とネットワークの相関関係がそこに見られます。

この相関関係を築き保ってきたおかげで、高齢者になった今も現役の立場にある私は、何もすることのない退屈な時間とは無縁であり、孤独に苛まれたり、寂しい気持ちに襲われて鬱になることなどは全くありません。

高齢者にとって怖いのは孤独です。誰との交流もなく日々過ごす生活ほど、人間にとって辛いことはありません。その孤独な状況に陥らないためにも定年後も自分の仕事を持ち続ける人生設計が、今や誰にも必要な時代になってきたのです。

私の講演では「終身現役で生きよう」と「人生は後半が勝負」という訴えを毎回行っています。それは65歳の定年を迎えて勤め先を去ってからも、現役を維持できるように自分独自の仕事を持ち、死ぬまで働く生き方を用意しましょうという生き方変革の提言の骨子なのです。

現在の日本人は学校を卒業すると、そのほとんどがどこかに就職し、サラリーマンになります。サラリーマンは自分の人生を勤め先に預けるようなものですから、自分の人生設計について真剣に考えない傾向があります。

大企業の定年前準備教育の講座によく招かれる私が、そこで驚かされるのは、定年後の人生設計について具体的に考えていない人がほとんどということです。

彼らは入社以来30余年、会社の人事政策に従うという枠組みの中で生活している間に、自分で自分の生き方を決める決断力を放棄してきているのです。

ですから「定年が近づいたから、さあ今後のことは自分でどうぞ」と会社から急に言われても戸惑うばかりであることはよく理解できます。


しかし、定年があることは入社の時から分かっていることですから、人生をロングランで視野に入れている人ならば、当然、定年後の生き方をしっかりと用意していくべきです。ところが、そういう人は今までは少数派でした。

これまでの定年族にとっては、定年後は夫婦で世界旅行をはじめ2人で夢見ていたことを実現し、余生を楽しむというのが理想の生き方でした。

しかしそれは余生の期間が10年前後で終わる時代の発想でしかありません。今や、65歳で辞めて90歳まででも25年、100歳までなら35年も人生が残っているのです。その25年から35年の間、預貯金や年金・退職金だけで過ごせる人はいいのですが、そんな人はサラリーマンの間ではごく稀です。

今後、多くのサラリーマンは悠々自適の生活を送るのは無理になります。せいぜいよくて20年前後でしょう。しかも頼りの年金が、第一節で紹介したように、今後は年々減少していくことがはっきりしてきました。

そのことを最近のマスコミは「年金が減る」「年金が危ない」「老後貧困」といったセンセーショナルなタイトルで報じるようになったこともあって、国民もそれに気付き始め、やっと対策を真剣に考える人が増えてきています。

それではどうすればいいのか、そのことについては次章以降に詳しく述べていきますが、結論から先に言えば、一日も早く「定年後は余生を過ごす」考え方を捨て、「定年後は自分の仕事をしながら死ぬまで働く」という人生観を確立し、そのための準備を今日からでも早速スタートすることです。

自分の得手があれば、それを磨き直すことから始める努力をするとか、そんな能力がない人は、まず何でもいいから勤勉に働く習慣を身に付けることです。

勤勉な人は、定年後、働く機会を紹介してもらえる可能性が高いからです。地元のハローワークを頼らずとも仕事に恵まれる人はそうしたタイプです。

幸いに今の日本の中小零細企業では、若手の労働力が不足気味ですから、真面目に働く人ならば、年齢に関係なく雇用してくれるようになってきています。

私は時折各地のハローワークを訪れ、高齢者向けの求人掲示板を見ていますが、年々、年齢制限がなくなりつつあります。高齢者にとっては働きやすい時代になったと感じています。この傾向は今後ますます高まっていくでしょう。

さらに専門力を身につけておけば、雇用主と対等の立場で交渉できる仕組みができてきつつあります。そうした新しい時代がやってきたのです。

第2章

武士道的生き方から商人道的生き方への生き方革命を

第1節　原点回帰の現象が人々の生き方にも現れてくる時代に

米国のトランプ大統領の出現やイギリスのEU脱退という事態は、原点回帰の現象が出てきたことを示しています。よく迷った時に「基本に戻れ」（back to basics）と私たちは言っていますが、まさしく今の時代は混迷になってきたからこそ、原点に戻る動きが世の中に出てきているのだと思います。

そのことは私たちの人生の過ごし方でも言えます。江戸時代までは7％の武士以外の人は、自助自営の人生を歩むことが当たり前でした。ですから農民・職人・商人たちは誰もが手に職をつけることを第一に考えたのです。

その考え方は戦後10年ほどまでは社会に残っていました。当時の多くの子供たちは「手に職をつけて将来に備えよ」と親に言われたものでした。

戦後の高度経済成長を足元で支え〝金の卵〟と称され田舎から都会に出てきた中卒の労働者たちは、中小零細企業の従業員として働きながら自立のための技術と経験を積み重ね、その多くは後半の人生で事業主として独立し、今日も現役で活躍している人が大勢います。

当時、中学から高校に進学する人は40％ぐらいで、あとの60％は中学卒業と同時に就職したのです。ですから就職先で腕を磨き、将来は独立するのが日本人の大半の生き方だったのです。

ところが1955年以後、高校進学率が50%・大学進学率が30%を超えた頃から、自営業主およびその家族の数が全就業者の30%を割るようになり、日本人の70%以上は学校を卒業すると広義のサラリーマンになっていきました。そして定年まで勤めた後は余生を送るという人生観を持つようになりました。その結果、就学→就職→就商という戦前までの日本人の生き方が消え、就学→就職→定年→余生という「一身にして一生を送る」というパターンになっていきました。特に大学卒業者の間では、将来は事業主になるという人生を選ぶという人が非常に少なくなっていったのです。

そのことを示唆する、次の一例があります。

私が日経を退社し独立した翌年の1980年、私の先輩の筑波大学の教授から、同大学の4年生の集まりで「就職に対する心構え」について講演してほしい、田中君が今思っていることを自由に話していいから」との依頼がありました。そこで出かけて行き、「諸君たちは自分の将来像をイメージしながら、それに合った勤め先を選び、そこに就職したら自分を磨き続けること、決して日常の生活に流されないように。そしてサラリーマンを卒業した暁には事業主として活躍してほしい」と私の独立時の決断の経験談も含めて話したところ、聴講後の後輩たちの感想文には「田中先輩のような生き方には賛成できない。せっかく日経に入ったのだから、最後まで勤めればいいものを。私が田中先輩ならば、定年まで働いた後はのんびり過ごしたいと思う」という感じのものがほとんどで、私の講演は多くの後輩たちから不評を買いました。

この事例は37年前のものですが、現在でも学生からの反応はあまり変わらないと思います。いやむしろ不評の度合いはもっともっと大きいかもしれません。私の講演を聴いた人たちが今の学生の親になっており、その親の考え方が今の学生に伝わっているからです。

当時は1980年代のバブル景気が始まり、世の中が活気づいていた時代でした。アメリカでは学生の間でも起業ブームが起きていたにもかかわらず、日本の大学生はとにかくいいところに就職し、安泰に暮らしたいとの希望に凝り固まっていたのです。

私は母校の後輩たちがこうした安心・安全第一の発想から一歩も出ない人生観しか抱いていないことに危うさを感じました。そこには若者としての「志」を少しも感じられなかったからです。

そこで以後の私の講演会では、「ロングランの人生設計を描き、誰もが少なくとも定年後は独立独歩の人生を歩むという夢を持とうではないか」と訴え、しかも私の事例を数々紹介しながらそのことを強調し続け、今日に至っています。

しかしどうして日本人の大半は、こうした「一身にして一生」の人生観しか持たなくなったのでしょうか。その要因の一つは学校教育にあると思われます。

そのことを考えるために、次の一文を読んでほしいのです。

これは、埼玉県一の進学校である県立浦和高校校長の杉山剛士氏が、米国の大学８校の大学入試の実情を視察した体験談を、日本経済新聞（２０１７年1月30日付朝刊）に寄せた「『人生の構想』描かせよ」と題する寄稿文の一部です。

「驚いたことは、米国の大学入試で合否を決める最も重要なものはエッセーである。エッセーというと、随筆のようなものと勘違いしていたが全く違う。それは『人生の構想図』である。

自分とは何者か。高校時代の達成体験や挫折体験から何をつかんできたか。そして自分は社会や大学にどのように貢献できるか……。つまり『どんな人生を構想するか』を徹底的に考え、一つのストーリーとして表現・発信するのである。現地で学ぶ日本人留学生が異口同音に語ったのは、エッセーを書く作業が自分のキャリア形成で極めて重要な意味を持ったということである。

ある留学生は『ふらふらと大学に入る日本の高校生と米国の高校生の一番違うところ』と言い切ったり、別の留学生は『もし日本に戻って教員になったら、夏休みの宿題で生徒にエッセーを書かせ、それを徹底的に添削したい』と語った。ハーバード大学に合格した受験生のエッセーを集めた本が売られていたが、決して付け焼刃ではマネできない、それぞれのパッションが感じられた」

私は知人からこのエッセー（パーソナル・ステートメント）の重要性についてはすでに聴かされていましたので、よく理解できました。エッセーによって、受験生がどういう気持ちで人生に臨んでいるのか、その真の心的態度を大学側が知ることを重視しているのです。

「人は自分が考えるような人間にだんだんなっていく」という言葉があるように、教育にとって欠かせないのはセルフイメージです。そのイメージを常に肯定的に抱き続けるための「人生設計」は人生では最も重要なのですが、日本の教育では学生たちにその重要性を認識させることがなされていません。

江戸時代まではそうではありませんでした。その証拠に、当時の親は子供たちにどんな職業に就かせるかを真剣に考え、それを子供たちに早く伝えていました。それによって子供なりにセルフイメージを抱き、その職業に従事する職人や商人の人たちの生活に関心を寄せていったのです。

ところが明治維新は武士階級が主導したことで、明治以後の日本の教育は武士の生き方である「武士道」がベースになりました。そのためにそれまで大多数の国民が拠り所にしてきた「商人道」については触れられなくなりました。

特に戦後の米国占領軍の施政下での教育改革では、戦前の日本人の考え方はほとんど否定されたこともあり、一層、商人道の生き方は忘れ去られていきました。

これによって、日本人の生き方がサラリーマン志向に傾いていったのです。

第2節　武士道と商人道の生い立ち

まず「武士道」の説明を辞書でみてみましょう。三省堂の『大辞林第三版』によれば、「日本において武士の間に形成された道徳。鎌倉時代に始まり、江戸時代、儒教、特に朱子学に裏づけされつつ発展し、明治維新後、国民道徳として強調された。主君に対する絶対的忠節を重視し、犠牲・礼儀・質素・倹約・尚武などが求められた。士道」とあります。

この説明からすると、武士道は鎌倉時代→室町時代→戦国時代→江戸時代と武士階級が形成されていく過程で次第にできあがっていったことが分かります。

そして1603(慶長8)年、徳川家康が関ヶ原の戦いに勝利を収めて全国を統一し、江戸幕府を開き、士農工商の階級制度の下、武士階級が社会のリーダー層としての位置付けがなされてからは、武士道が明確な武士社会における道徳律となっていったのです。

先述したように、明治維新後が旧武士階級の先導で行われたこともあて、武士道は以後の日本人全体の道徳律とされました。特に旧上級武士の子弟の多くは旧制中学→旧制高校→旧制帝国大学への道を歩んだこともあって、明治以後の日本の官僚・大学教授・大企業の幹部といったリーダー層の生き方は、武士道がベースとなりました。


その武士道の流れは、今日に至っても官界・大企業に勤務するエリート・サラリーマンの底流に途絶えることなく続いています。その証拠に、彼らが途中で勤め先を中途退社しようものなら、上司から「これまで君を育ててくれた勤め先への恩義を忘れたのか、そんな礼儀知らずの君には世間は誰も手を差し伸べてくれないぞ!」と苦言を浴びせられるのが常と言うものです。

日本マイクロソフト㈱の会長・樋口泰行氏は2017年1月23日付『みやざき中央新聞』で、こう述べています。

「（11年間勤めた）松下電器を辞める時、上司から『もし辞めたら、おまえのこれからの人生は坂道を転げ落ちることになる、俺はそんな奴を今まで何人も見てきた』と言われました」

実は私も20年勤務した日経を依願退職する際に、ある先輩から「日経に泥を塗る気か！日経に対する恩義を忘れた君が独立しても、はたして何年続くか、俺はそれを楽しみに見せてもらうよ」と皮肉たっぷりに罵倒されました。

中途退職者の誰もがこのように言われるのは、日本の大組織では、今でも武士道の生き方が隠然として人々の心に存在することを意味しています。

一方、明治以後の職人や商人のいわゆる町人（庶民）の社会では、江戸中期以後に彼らの間で次第に広がっていった「商人道」が、彼らの生き方に根強く息づいていました。そしてその「商人道」は今なお商工業者の間で生き方の指針になっています。

ではその商人道とはどういうものかを、以下に見ていきましょう。

商人道は武士道に対峙する形で唱えられてきたものです。その起源は江戸時代中期の1

735（享保20）年（江戸幕府樹立後から132年後）、石田梅岩という商人出身の思想家・倫理学者が、武士に武士道があるように、商人には商人道という道があるという考え方を、初めて世間に訴えた時が起点とされています。

当時は徳川幕府が設けた士農工商の制度が130余年も続き、特に武士の間では最下層の商人を蔑視する風潮が強くなっていました。そんなこともって、当時の代表的な儒学者・荻生徂徠ですら、彼の著作『政談・巻二』の中で、「武士と百姓は自分の土地に定着している身元確かな者、それに対して商人はあちこち動き回りながら生活している浮草稼業の身元不確かな者。だから商人がつぶれて生活に困ろうと構わない」といった趣旨のことを述べています。

荻生徂徠でさえこう言っていた時代に、石田梅岩は「武士が城主の家来として禄を食んでおり、商人は街の家来として売買で利益を得ている。武士も商人も職分上そうなっているのであって、人間としては武士と同等である」と主張し、だからこそ商人も人間として恥ずかしくない生き方をすべきであるとして、商人としての正しい生き方である商人道を提唱したのです。

この梅岩の商人道の話に接した当時の商人たちは、どんなに勇気付けられたことでしょう。いや今日でさえも商工業に従事している事業主の人たちは、同じように感じているはずです。そのことを、次の事例で知ってほしいのです。

２０００年10月15日、国立京都国際会館で行われた『石田梅岩　心学開講２７０年記念シンポジウム』のパネルディスカッションで、京セラの創業者・稲盛和夫氏はこうのべています。

「実は私が石田梅岩の思想に触れたのは、ちょうど会社を作って事業家の端くれとして悪戦苦闘していた頃でした。日本では現在でも、社会通念では、企業家もしくは経営者、もっと言葉を崩して言いますと、商人、商いをする人というのは、どちらかと言いますとあまり高い社会的地位には置かれておりません。やはり学者や文化人と称する人たち、または政治家・官僚といった人たちのほうが上で、私たち商人と言われる人間はいくらか卑しい人種として、少し見下げられたような状態が今日まで続いています。

必死で努力し、仕事を通じて社会貢献をしようと思っていた若い頃の私にとっては、それが大変苦痛でした。そのとき、石田梅岩が江戸時代に、商人と言うのは決して卑しいものではないということを言って商人道を説いてくれた。商人が利を求めるのは武士が禄を食むのと同じだと言って、商人道の正当性を、あの封建時代の中で唱えたということを初めて知りました。

武士が一番上で、農民、職人と続き、一番下が商人という士農工商の階級制度が厳然とあった社会の中で、学問のない農民上がりの京都の呉服商で奉公しただけの商人が、そういう事を唱えて商人に対して誇りを持たせた。そして同時に、商いをする者が踏むべき道を踏み外してはならないと説いたということを聞きまして、内心忸怩たるものがあった私は本当に勇気が湧いてまいりました。『そのように言ってくれる方があったとは』と嬉しく思って、事業家の道を一所懸命に歩き出しました。ですから、石田梅岩が私に与えてくれたものは計り知れないと思います」（鹿児島大学稲盛アカデミー研究紀要・2010年12月1日号での吉田健一氏の論文『石田梅岩と稲盛和夫の思想』137頁より）

私はこの稲盛氏の発言を知った時、私が大企業の日本経済新聞社を辞めてサラリーマンから個人事業主になった時のことを思い出しました。

サラリーマン時代の私は「日経」という看板（名刺）で仕事をしていました。日経の看板の威力は、官公庁や大企業に勤務する人たちに対しては、特に効き目があります。日経の名刺を見せれば、初対面でもほとんどの場合、面会に応じてくれましたし、その結果、ビジネスチャンスにも恵まれました。

ところが、私が名もない個人事業主になった途端に、私に接する人たちの態度は豹変しました。これまで親しく会ってくれていた人でも、急に白々しくなるケースを幾度も経験しました。

ところが、中小零細企業の事業主たちは逆でした。「よくぞ我々の世界に飛び込んできてくれた」といった感じで、私を温かく包み込むように迎えてくれました。そこに武士道と商人道の生き方の違いを感じたものでした。

第3節　これからは武士道的生き方だけでは広い世間は渡れない

昔の人の生涯は、長い間、大体60歳前後で終わるのが普通でした。明治・大正・昭和前期までは、60歳まで生きることができたら、長生きの部類でした。したがって明治時代頃までは60歳で還暦の祝いを迎えられる人は少数派で、70歳で古稀の祝いができる人はそれこそ稀なことだったのです。

そんな時代は、サラリーマンであれば定年まで勤めたら、あとは余生を数年過ごしてあの世に行くのが常識でした。

私が１９５９年に日経に入社した時、社内に戦前入社した人もかなりいました。その人たちは定年が50歳の時代に入社し、そのつもりで勤めていたはずですから、戦後間もなく定年が55歳になり、さらに1962年に60歳に定年延長が決まった時、「そんなに長く勤められるかな?」と不満に感じている人もいたことを覚えています。

戦前に入社した人たちの常識は、せいぜい60歳まで生きれば十分というのが通り相場だったことが、この事例からも読み取れます。

そのように、日本のサラリーマンは今から50年ほど前までは「人生60年」の枠の中で生きていたのです。それがこの半世紀の間に「人生70年」→「人生80年」→「人生100年」と生きる期間がどんどん長くなってきました。

そのために長くなる一方の老後の人生をどう生きればいいのか、多くのサラリーマンは戸惑いを覚えているというのが正直なところでしょう。

現に私のような80代の人間は、戦前の常識の中で育てられ、社会人になった頃はまだ「人生60年」の時代でしたから、この大きな変化にどう対応すべきか、困惑している代表的な存在です。

先日、大学時代の同期会に出たところ、みんな異口同音に「これから先、どう生きればいいのか」と人生が予期していた以上に長くなっていることに対して、それに柔軟に対応できないでいる自分にいらだちを感じている様子が、言葉の端々から察せられました。

私は１９６８年（昭和43年）に日経と米国マグロウヒル社の合弁会社・日経マグロウヒル社が発足する前年に、同社に出向せよとの内命を受け、さっそく当時のアメリカの雑誌事情を知るために、諸々の資料を読み始めました。その時に１９６０年代に全米で高齢者問題が生じていることを知りました。

その一つがセンテナリアン（centenarian、１００歳人）の存在でした。当時の我が国には１００歳以上の人口は２００人前後しかいませんでしたが、アメリカではすでに１万人に達していると分かり、びっくりしたものです。そしてアメリカで１００歳人に対する研究が盛んであることを初めて知ったのです。

それらの情報に接しているうちに、日本もこれからは１００歳人の人口が増えていくに違いないと思いました。実際にわが国の１００歳人の人口推移は、１９８１年１０７２人↓１９９８年１０１５８人↓２００３年２０５６１人↓２００７年３２２９５人↓２００９年４０３９９人↓２０１２年５１３７６人↓２０１５年６１５６８人↓２０１６年６５６９２人、とうなぎ上りに増えており、その勢いはまだまだ続いていますし、やみそうにありません。

我が国で１００歳以上の人口調査が初めてなされたのは１９６３年で、その時は１５３

人でした。ということは、それ以来2016年までの53年間に100歳人は429倍にもなったのです。

この急激な増加率は世界新記録ですし、今や日本はアメリカに次ぐ世界第2の100歳人の人口が多い国になっているのです。

しかしこのあまりにも早い我が国の超長寿化のスピードに、日本人の多くは付いて行けず、その結果、人生100年時代の生き方ができず、困惑の状態にあると言っていいでしょう。

私は人生100年時代の到来を早く気付いたことから、社会教育家として独立して以来今日まで、常に一貫して100歳人生をどう生きるかをテーマにした講演をしてきました。

それを結論から申し上げれば、武士道的生き方である「就学→就職→定年→余生」の生き方パターンを脱して、商人道的生き方である「就学→就職→就商→終身現役」のパターンに転換すべきだということです。

繰り返しますが、明治までの日本人の93％は農民・職人・商人の平民階級でした。平民は、藩に所属して禄を食むというサラリーマンである武士と違って、自分の家業に従事し、生涯働きながら一生を終えたのです。

ですから平民の子供たちは寺子屋での教育を卒業すると、農民の長子は家業を継ぎ、その他の子は職人になる場合は親方の弟子に、商人になる場合は商店の丁稚になりました。そこで10年から20年ほどの奉公を終えると、一人前の職人、商人として独立していったのです。まさしく就学→就職→就商のパターンです。つまり明治時代までの日本人の９割強は、最終的には独立自営の人生を歩んでいたのです。

したがって彼らの生きる指針は、独立自営の道を歩むために必要な商人道であったのです。

ところで幕末、武士階級が興した明治維新によってできた新しい明治政府は、富国強兵を旗印に、政治・経済・軍事・教育などあらゆる制度を先進国並みに整備しました。その際、先に述べたように国民の道徳律は武士道を以て行うことになり、武士以外の国民が道徳律としてきた商人道について、新政府は何の手立ても講じませんでした。そのために明治以後のサラリーマン階層では、武士道的な生き方が基本となり、商人道的な生き方は顧みられなくなったのです。

（それに対して、商人道は職人・商人の世界で、細々と守られていきました）

その結果、サラリーマンの間では、人生70年時代の頃まで、定年を迎えると、あとの余生は年金・退職金・預貯金で過ごす生き方が常識となったのです。

ところが今では65歳まで定年延長がなされても、それ以後100歳まで35年も生きる可能性が多くの人に訪れつつあります。

もし高齢者がみんな100歳近くまで生きるとなれば、年金の財源は枯渇すると同時に、老人向けの医療保険も今のような厚遇対策をとれなくなります。

そのことを予測した先の読める高齢予備軍の現役サラリーマンは、自分の定年後のことを考えて、定年後の独立に備えて準備を始めています。

つまり武士道的生き方から商人道的な生き方に自己変革を起こす努力をしているのです。そして定年後は独立独歩の人生をスタートしているのです。

しかしながら今のところ、そういう生き方ができる人は全体の中でもほんの20%程度でしょうか。あとの大多数は長くなった定年後の人生において、自分の仕事を持つことができず、無為に過ごしています。

何度も言いますが、人生の後半でそうした苦痛を味わわないためにも、これからのサラリーマンは商人道的な生き方に早くから目覚め、そのための行動を起こすべきです。行動を起こせば、今の時代、必ず自分のやるべき仕事が見つかるからです。

第４節　明治以後、多くの人が無関心だった商人道の祖・石田梅岩

16世紀から18世紀にかけて、アジアの諸国は次々と欧米列国の植民地になっていきました。その中にあって日本は独立を保ち、明治維新で開国すると、いち早く近代化を図り西洋文明を導入すると同時に、富国強兵の政策を推進しました。そしてわずか36年後の１９０４（明治37）年、当時の世界最強の軍備を誇るロシアと日露戦争を戦い、満州の陸戦でも日本海での海戦でも、日本はロシアに勝利を収め、世界に大きな衝撃を与えました。

ロシアの圧力に苦しんでいたフィンランドなどの北欧諸国だけでなく、インドをはじめアジアの植民地の国々は、白人の国に勝利した日本軍の快挙を知り、大きな勇気を手にしたのでした。

その勝利を支えた最大の要因は、江戸中期（１７００年代）頃から我が国では人材育成のシステムが全国的に広がっていったことにあります。明治以後、日本があっという間に西欧の文明を吸収し、先進諸国と肩を並べるまでの力を付けることができたのは、それだけの優秀な人材が国内に育っていたからです。

江戸時代の教育は、上級武士は藩が運営する藩校で、下級武士は吉田松陰の松下村塾などのような私塾で行われました。武士以外の人々の教育は地元の民営による寺子屋でなされました。

藩校には一般的に7~8歳で入学し、14~20歳で卒業しました。その間、学問の儒学だけでなく武芸も教えられました。そのことは私塾でも同様でした。

それに対して寺子屋では7~8歳で入学し、12~13歳まで通いました。そこでは「読み・書き・そろばん」の他、道徳・地理・歴史など多方面にわたる授業が行われました。

その際に使用された教科書は幕末には7000種にも及びました。使われた教科書の中でも『庭訓往来』『商売往来』『百姓往来』といった往復書簡の類をまとめた往来物が多く用いられました。当時の人々にとって手紙は通信手段として欠かせないものでしたから、相手の状況に応じた手紙の書き方を学ぶことは庶民にとっても必須な要件だったのです。

藩校は全国で255校とほぼ全藩に設立されていました。私塾は最盛時には1300校も開設されました。

一方、寺子屋は町だけでなく農漁村にも開設され、幕末にはその数1万6560校（明治16年の文部省調査による）に達していたのです。当時の人口は約3000万人でしたから、約2000人に1校あったことになります。この寺子屋が明治初期の初等教育の受け皿になったのです。

現在の日本では、人口1億2700万人強に対して小学校が約2万校（2015年度文科省調査）で5000人に1校の割合ですから、規模の大小は別にして、寺子屋の普及ぶりのすごさが理解できます。

一般に明治時代の偉業ついては、武士階級出身のリーダーたちが主役になって活躍したことが語られますが、そのリーダーの考えを忠実に実行した有能な国民が多数いたからこそ、日本の近代化は短期間に成功できた事実を、私たちは忘れてはなりません。

その頼りになる国民を輩出した寺子屋は先に示したように1万6000校以上も存在したのに対して、武士が通った藩校や私塾は合計でも約1500校でしたから、その数は寺子屋の10％に過ぎなかったことに注目すべきです。

この数の比率から見ても、寺子屋の存在が明治以後の我が国の素晴らしい発展に大きく寄与したのです。その証拠に、明治初期における我が国の就学率は86％で、これは同時期のイギリスの25％、ロシアの20％をはるかに超えるものでした。そのために当時の日本人の識字率は世界一だったのです。

日露戦争に参加したロシア軍では将校以外の兵士の多くは文字が読めなかったのに対して、日本軍の全兵士が読み書きできたことから、ロシア側は大いに驚いたといいます。

江戸時代の庶民が通った寺子屋の教育は、現在の教育とはどこが違っていたのでしょうか。現在の教育は知識・技術教育に重きを置いた教養主義が中心ですが、逆に寺子屋では人格形成に努める修養主義が中心でした。

つまり知育よりも徳育に大きなウエイトが置かれたのです。したがって寺子屋では子弟の礼儀作法・言葉遣い・家庭における親孝行・他者に対する心配りなど、人として正しく生きる道が具体的な形で教えられました。

その教育を受けた日本人の生き様を、幕末から明治初期に日本を訪れた欧米人の多くが感心しています。正直で、礼儀正しく、慎ましく、しかも明るく開放的な庶民の姿に心を寄せている様子が、残された彼らの文献に散見されます。

その寺子屋に大きな影響を与えたのが、1729（享保14）年に京都で町人のための商人塾を開塾した石田梅岩（1685～1744年）の石門心学です。梅岩は、商人と武士は職能上の違いがあっても人としての価値は同等であると主張しましたが、そう言う以上は、商人は武士に勝る徳を身に付ける必要があると考え、奢侈に流れる商人を厳しく批判しました。

石田梅岩は現在の亀岡市郊外に生まれ、11歳の頃に京都の商家に奉公に出るものの15歳で出戻り生家の農業に従事し、1707年、22歳の時に再び京都の呉服商に丁稚から弟子入りしました。以来20年間、手代を経て番頭まで勤め上げ、42歳で奉公先を辞めました。

梅岩が再度の奉公に出た1707年の2年後に5代将軍・徳川綱吉が亡くなり、華やかな文化を生んだ元禄バブルが終焉しました。その後、6代家宣（3年間）、7代家継（3年間）を経て登場したのが8代将軍吉宗でした。

吉宗は29年間の将軍在職中に、綱吉以来のインフレ財政を立て直すために、享保の改革と呼ばれるデフレ政策を断行し、倹約令をはじめ緊縮財政の施策を次々と打ち出していきました。

長い間のインフレ経済に慣れ親しんできた人々の中には、この政策転換にうまく対応できず、どう生きればいいのか戸惑う人も少なくなかったのです。

特に京都は、江戸から遠く離れていたこともあって、吉宗幕府の新方針を無視して、奢侈な生活を続ける商人もかなりいたと言われています。

ちょうどそうした時代に、梅岩が出現したのです。そこで梅岩を理解するうえで、当時の京都の商人の世界を知っておくことも大切なことです。

当時の京都は、江戸・大坂と並ぶ全国3大商業都市の一つでした。京都の町数が1300もあったのに対して、町の行政を司る幕府の奉行所の役人は70人前後でした。この人数では到底京都の行政はできないことから、選挙で選ばれた町役人（三役）が全部で3000人近くもいて、彼らが実質的な町の行政を担当していたのです。

つまり、当時の京都は、江戸や大坂と違って、自治共同体の組織が発達していたのです。そういう環境の中で、京都の商人たちは武士階級の影響をあまり受けることなく、かなり自由に物事を考え、語り合うことができたのです。

梅岩が自由に活動できた背景には、この京都独特の事情があったのです。

第5節　梅岩の商人道が示す3つのポイント

梅岩は学問好きで内省的な性格であったため、生家で農業に従事している時、時間を作っては近くの寺の蔵書を読み、自分を高める努力をしていました。

22歳で再び京都の呉服商に奉公に出た時、人より遅く修業に入るとなれば、年季明けに店を持つことは無理だろうから、できれば将来、人はどう生きればいいのかを説く講釈師の仕事に就きたいとの志を内に秘めていました。

その目標を達成するには、とにかく仕事に打ち込んで商売に精通することが第一と考え、奉公先では誰よりも早く起きて勉強し、夜は夜でまた遅くまで起きて勉強し、就業中は誰よりも熱心に働きました。

その姿勢に動かされた主人は、梅岩の朝晩と休日の勉強を認めてくれました。そのことで、彼の学識は年を追うごとに高まっていきました。休日には市内の諸家の講釈を聴き歩き、自分の学問を神学・仏教・儒学のいわゆる神仏儒の三位一体の側面から深めていきました。

そして20年の年季奉が終了すると梅岩は番頭を辞し、儒学者小栗了雲に弟子入りして新たな修業を始めました。そこでは心の探求に多くの時間と精力を割き、ついに悟り（得心）を得たのです。梅岩の学問を「心学」と称した由来は、その心の探求が基本にあったからなのです。

師匠の小栗了雲が没したことをきっかけに、梅岩44歳の時、初めて聴講自由・性別自由・入場無料の公開講釈を京都市内の自宅で始めました。

当時の講釈は、講釈師が一方的に講話をすることで終わっていましたが、梅岩は講義後の聴講者との問答を大切にしました。そして瞑想すること、瞑想の中で悟りを得ることを大切にし、そのうえでそれを実践することを説きました。講釈・問答・瞑想・実践が梅岩の学問の4本柱だったのです。

そして梅岩自身も、そのような生活を送ることに努めました。その言行一致の生活からにじみ出る人柄が魅力となり、しかも実際の商売に20年間従事した実務体験を基に話す具体的で分かりやすい講釈は人々に高く評価され、その人気は次第に京都から大坂方面にまで広まっていきました。

加えて女性も自由に参加できるという、それまではなかった新しい公開講座の仕組みが、享保の改革で不安を感じる女性群にも歓迎されたのです。

では梅岩が唱えた商人道はどういう内容だったのでしょうか。その主要なポイントは、大きく分けて次の3つであると考えられます。

第1は、心を知ることが最も大切であるとしている点です。

心の真のあり方を知れば、人はどう生きればいいのかが判明するからです。

心を知るとは、私心を捨て本来の心に戻ることを意味しますが、梅岩はこの本心を「性」

と称しました。これに対して、梅岩の後継者である手島堵庵《とあん》は、「性」を本心と理解すればいいと述べています。

その本心は自然の理（天理の理すなわち天理）であると悟った梅岩は、その本来の心に素直にしたがって生活するのが、私たちの本当の生き方であるとしたのです。

そのことを堵庵は、本心は善なる心であり、私心と区別すべきと説き、人が不善をなすのは本心を蔽う思案（私案）であり､思うと思案は違うとしました。つまり堵庵は「思い」は「素直に働く思念」で、それは本心であり、「思案」は自分本位の「私案」であるとしたのです。

この堵庵の説明のように、自分本位の利己主義に対峙するのが、本心すなわち純粋・素直な心であると考えると、梅岩が素直な心で生きることの大切さを説いたことがよく分かってきます。

第2は、梅岩が言う心すなわち本心をどう保つかという点です。

本心は無欲であり、私欲がない状態をいいます。無欲であるためには生活態度として禁欲主義（自己犠牲）をとることです。自己犠牲の行動様式は「倹約」です。倹約を履行するには私欲のない本心に正直に生きることが求められます。

正直な心で倹約に徹し、少欲知足の精神で稼業に励めば勤勉な生活を送ることができます。倹約・正直・勤勉を実践できれば家庭は安定していきます。梅岩の著作に『倹約斉家論』があるのは、倹約を心掛け家族が団結することは国家の安泰につながると考えたからです。またそれが戦前までの日本人の一般的な考え方でもありました。それだけ梅岩の思想は人々の底流に流れていたのです。

ところが戦後の日本の社会では、アメリカ占領軍の施政下で、それまでの儒教をベースにした家族主義的な社会の在り方から、主権在民の民主主義社会——国民一人一人が個人の権利と義務の履行を大切にする社会——に変革する政策が施行されました。

しかし実際には、権利は主張するものの義務を果たすことを嫌う利己主義者が多い社会になり、それに伴って、長い日本の歴史の中で培われてきた家族中心の考え方が、年を追うごとに稀薄になっていきました。今日、倹約・正直・勤勉の精神が廃れ、家族の崩壊が起きている要因はそこにあるのです。

第3は、士農工商の階級差は間違いとしている点です。

梅岩は著書『都鄙《とひ》問答』で、虫や鳥や獣にそれぞれ固有の行動様式があるのと同じように、人間だれにもその人となりの職分があると述べています。それを自然の理＝地の理と言っています。

つまり、士農工商は本来身分の階級差としてではなく、職分の違いと受け止めるべきだとしているのです。

したがって、当時、武士階級の間で商人を蔑視する風潮があったことに対して、武士が幕府や城主の家来ならば、商人は街の家来であると言い、人間としては武士と同じであるべきと主張しているのです。

そう主張する以上、商人に対しては、人間として恥ずかしくない生き方をしてほしいとの願いを込めて、商人の正しいあり方を説いたのです。

しかし当時の京都の商人の中には、富の蓄積で力を付け、経済的な生活では武士階級を上回る裕福な生活をする者も少なくなかったのです。その富にあぐらをかいたために、一時は栄えた商家が元禄バブルの崩壊で没落していくケースが後を絶ちませんでした。

その中にあって、梅岩の説く生き方を忠実に実践し、その後に到来した時代の波を乗り越えて、長く家業を永続させてきた店があります。それが300年以上も続いている老舗群です。京都に老舗が最も多い理由はそこにあるのです。

梅岩は、商人が世のため人のために懸命に働いて得た利益は、どんなに多額でも決して非難さるべきことではないとしています。そしてその儲けを無駄遣いすることなく、倹約に努め、さらに顧客のため、従業員のため、家業の事業永続のために再投資することで、それがまた世のためになるとしています。

この事業の基本が守られていけば、人々も社会も繁栄していけるのです。今日の日本では、その基本を守ることなく、利益追求にのみ熱心で、それを再投資する企業も人も少ないことが問題視されています。

先進諸国の中で日本はこの20年、国民の平均所得が伸びていません。再投資が足りないのです。梅岩の商人道が見直されるべき所以がそこにもあります。

第3章

石田梅岩を始祖とする石門心学の広がり

第1節　梅岩が生きた時代と梅岩の思想との関連を考える

梅岩が京都で過ごした時代と全く同じ時期に、２人の大商人がやはり京都に住んでいました。それは三井家の2代目・三井高平と3代目の三井高房です。

高平は初代高利の長男として１６５３（承応２）年に生まれ、１６７２年に二代目を継いで八郎右衛門と名乗り、のちに高房に家を譲ってからは宗竺《そうちく》と号し１７３７年85歳で没しています。その間、亡くなるまでの30年間は京都で過ごしました。１７２２年には「宗竺遺書」を定めています。

この「宗竺遺書」は、初代高利の遺志を受け継いだ長男・高平が兄弟と相談のうえ作成した三井家の家憲で、三井家の繁栄を保持するための規約とその尊守が50項目も細かく書かれています。主なものを現代語で列挙してみましょう。

一、同族の範囲を拡大しないこと、その範囲は本家・連家と限定する。

一、結婚・負債・債務の保証等については必ず同族の協議を経て行うこと。

一、人は終生働かねばならぬ。理由なくして隠居し、安逸を貪ってはならぬ。

一、他人を率いる者は業務に精通しなければならぬ。そのため同族の子弟は丁稚小僧の仕事から見習わせて、習熟するように教育しなければならぬ。

「宗竺遺書」は歴代の三井家によって守り継がれ、1900（明治33）年に「三井家憲」として改訂されるまで約１８０年もの間、三井家の精神とされました。

一方、高房は１６８４（貞享元）年に高平の長男として京都で生まれました（その翌年に梅岩は誕生）。33歳の時、三代目を継ぎ、１７４８（寛延元）年64歳で亡くなりました（梅岩没後４年後）。その間、高房が父高平が見聞した町人の成功・失敗の様々な事例を聴いて著したのが、三井家内部の教訓書である『町人考見録』です。

そこには京都・大坂・江戸における商家の具体的な盛衰のケースが55例も挙げられており、三井家の後継者へのいましめのために、諸先輩の事例を示して、こまごまと商人の心構えが述べられています。それを読むと、武士の存在を横目で見ながら、強い信念を持って活躍した江戸中期の商人の考え方がよく分かります。高房が残した教訓を以下に５つにまとめて紹介しておきましょう。

「第１に、町人は何よりも家業を大事にしなければならないこと。

遊芸にふけり、宗教に溺れるのは、家業大事を忘失することである。商人は名を捨て実を取るのが、古今の鉄則である。

第2に、商人が家業を大事にするとは金を大事にすること。金を貸しっぱなしにしておく大名貸しの如きは、思えば金を粗末にすることである。大事な金は節約しなければ残らないことは勿論である。

第3に、金を大事にする者は、働いてこれを得る外にはないこと。商人が勤労精神を失えば、それは没落の第一歩である。大名貸しでも諸の山事でも、一攫千金のように思って金座・銀座にかかるのも、長崎商や両替屋で思い違いをして荒仕事と出るのも、その底には働くことを軽んずる気持ちが既にのぞいている。

金が金を儲ける世の中と言っても、働かないでそれを期待するのは誤りである。働くためには才覚と努力が必要である。商略・機略は商人の正攻法であって、誰に恥じるものでもないけれども、事道徳にふれる場合はその商略は正攻法ではなく邪法となる。商人道も地に堕ちることとなる。商略なればこそ、一段と道徳を守らねばならない。働くには一人だけで働けるものではない。内に良妻あり、外には賢い手代あってこそ、自由縦横の働きができる。

第4に、働く者には見栄や名分は不必要であること。

商人は働く者としての身分をいかに大家となっても忘れてはならない。大名貸しや呉服所で高貴に近づき、何やら侍らしくふるまうなどは、商人の分に過ぎたることである。遊芸に遊ぶことは働くことを嫌い、名誉を願うことにつらなる。

第5に、不行跡（ふぎょうせき・身持ちがよくない・道徳や法律に違反する行為）はしないこと。

これは論外であるとして、只指摘するのみで、詳述はない。

以上の高房が残した教訓の背景には、大名が財政上の不足から商人に金を借り、それをまともに返さず貸し主を倒産に追い込むという、道義に反する事態が連発したことへの痛烈な批判精神が見てとれます。

この商人の意地が、士農工商にあぐらをかく武士の武士道に対して町人の商人道への目覚めを促し、それが梅岩の思想につながっていったと思います。

梅岩と同時代の京都を代表する商人三井高房が、武士階級への静かなる批判精神を心に秘めていたことを知ると、梅岩が『都鄙問答』の「巻の二」（石田梅岩『都鄙問答』・致知出版社刊の現代語訳・139頁）で、梅岩の説に反対する儒者にたいして、次のように反論していることからも、梅岩の武士に対する姿勢がよく理解できるというものです。

「商人の売買は、天下御免のれっきとした禄である。なのに、あなたは『商人は、欲得で売買益を独り占めしているから、そこに道などない』と悪くいって差別しようとする。何のために商人だけを軽蔑し、蔑視するのか。いま、あなたが買い物をしたとして、『売買で得る利益の半分は支払わない』といって、その金額を差し引いて払ったら、国の法を破ることになる。商人がお殿様から御用を仰せ付けられた場合でも、きちんと利益分もくださっている。つまり、商人が得る利益というのは、お殿様の許しを得た俸禄のようなものなのだ。ただし、田畑の『作得』（農民が年貢を納めた残りの収穫分）と職人の『手間賃』と商人の『利益』は、武士の俸禄と同じ感覚で何百石とか何十石と呼ぶ類ではない。

日本でも中国でも、売買で利益を得るのは決まりごとである。その売買益を得て商人として務めに励めば、おのずと世の中のためになる。商人が利益を得ないと家業は立ちいかなくなる。商人の俸禄は、前にもいったように、売買で得る利益であるから、買う人がいて初めて得られるのだ。

商人が顧客に呼ばれて行くのは、役目に応じて行くのと同じだ。役得に駆られてのことではない。士《さむらい》の道も、主君から俸禄をいただかないと務められない。それに対し、『主君から俸禄を受けるのは役得だ』とみなして『道に反する』と批判するとしたら、孔子や孟子をはじめ、世の中に道を知る人はいないことになってしまう。あなたは、士農工は除き、商人が禄を受けるのを『欲得』といい、『商人は道を知ることなどできない』と決めつけるが、それはどういうことなのか。私は、『商人には商人としての道がある』ということを教えているのであって、士農工のことを教えているのではない」

この梅岩の反論から理解できるように、梅岩は士農工商の制度があるために、商人の立場や役割が軽視されている現状に憤りを持っているのです。そのことを道理を以て反論し、世の商人に対して、商人として堂々と生きていけるための道筋を示しているのです。

第２節　石門心学を支えた人々

梅岩の講話が評判を呼ぶようになると、京都の儒学者の中には講座に参加し、学問上の議論を吹っかけてくる人も出てきました。しかしどんな質問にも皮肉に対しても、梅岩は正々堂々と応じ、明快に答えていきました。その事例が著書『都鄙問答』の中でいくつも紹介されています。

そうした場面を目の当たりにする聴講者の中から、梅岩の学識とその人間性に尊敬の念を抱き、彼を慕う人も増え、その結果、月日が重なるにしたがい、梅岩の門人になりたいと申し出る人が次々に出てきました。

門人たちからの要請もあり、毎月3回の定例会が開催され、さらに1カ月間の夜講が行われることもありました。あわせて大坂およびその周辺からの呼びかけに応じて30～50日の連続講義も随時行われました。

それだけ梅岩の講義を求める需要が日増しに高まっていたのです。その結果、最盛時には門人の数は400人にのぼったといわれています。

梅岩が講釈を始めて9年後、門人の代表的な人物数名と、城崎温泉に出かけ、普段の講座での問答のやりとりの代表的なものをまとめて原稿にしました。それが梅岩の代表的な著作『都鄙問答』の誕生につながったのです。

さらにそれから6年後、梅岩は講釈の中で倹約について数多く講じ、門人と議論を交わしてきたこともあって、門人たちの間で倹約実行の申し合わせが行われて、その趣意書を梅岩に書いてほしいと彼らからの依頼がありました。

梅岩は、それを門人たちに書かせてみたところ、それが梅岩の思想をよく表わしていたこともあり、その趣意書を門人たちだけでなく、広く世間に伝えることにしました。そして梅岩も、この門人の文章の前後に倹約論を新たに書き加え、それを『倹約斉家論』という書名にして完成させたのです。それは梅岩が亡くなる4カ月前のことでした。

門人たちは梅岩の死後、梅岩の活動を記録として残しました。『石田先生事蹟』がそれです。この本について、著名な哲学者・故森信三氏は「日本におけるあらゆる伝記中の白眉です」と評しています。

こうした門人たちの中から梅岩の思想を後世に伝えようとする優秀な後継者が続々と誕生しました。梅岩没後から手島堵庵が活躍するまでの17年間は、梅岩の高弟中の高弟で、よく梅岩の代講を務めた斎藤全門が中心となって石門心学を維持していきました。続いて齋藤の後輩にあたる木村重光・富岡以直も、それぞれが京都のあちこちで講座を開設していました。

そして梅岩の門人の中で最大の後継者と言われた手島堵庵（1718～1786年）の登場となったのです。堵庵は京都の裕福な呉服商の出でした。18歳で梅岩の門人になりますが、一旦稼業に専念し、44歳の時に家督を息子和庵に譲り、以後は心学の普及のために生涯を懸けました。

梅岩を求道者的な存在とするならば、堵庵は梅岩の思想を民衆のために分かりやすく咀嚼して伝えるという伝道者的な役割を担うと共に、梅岩の教えを伝える組織を全国的に広め、石門心学普及のリーダーとして活躍しました。

堵庵は、石門心学を学ぶ同志が集って切磋琢磨する月次の研究会を「会輔」とし、会輔で集う「講舎」の制度を確立し、講舎の社中には社約を作らせました。

堵庵は、1765年、京都の自宅に最初の心学舎・五舎を設立し、さらに1773年に修正舎を、1779年に時習舎を、1782年に明倫舎を設立しました。この修正舎（現在も心学修正舎として活動が続いている）・時習舎・明倫舎の3舎を石門心学教化運動の拠点とし、京都の商人を中心に門人たちの中で優秀な人材を選び、彼らを石門心学の指導者として育てました。

指導者の認定には、厳しい査定を加え、本心発明、修行の程度により、「初入善導」「道話前講」の資格証書を渡し、特に最高の指導者として「道話後講」ができる認定書は、修正・時習・明倫三舎が連名で授与する「三舎印鑑」とし、この印鑑保持者のみが講師となる制度を確立、指導者の管理を厳重にしました。

堵庵はそうした指導者たちを各地に派遣し、石門心学の普及を図ったのです。

また堵庵は、門人たちや受講者のために『坐談随筆』『知心弁疑』『前訓』『会友大旨』などの著書も著し、石門心学が世間に広く行き渡る努力を重ねました。堵庵はまさしく書いてよし、語ってよし、門人を育ててよし、統師者としてもよし、のオールラウンドプレイヤーでした。堵庵の存在なしにはその後の石門心学の大きな発展は考えられなかったといっても過言ではありません。

１７７９年、江戸からの要請で、堵庵の弟子・中澤道二が派遣され、それをきっかけに江戸でも石門心学が急速に普及していき、参前舎・慎行舎といった講舎も設立されました。

中沢道二（１７２５～１８０３年）は40歳頃から堵庵に師事し、たちまち頭角を現し、堵庵の信頼を得ました。江戸に派遣されてからは、庶民だけでなく江戸幕府の老中松平定信をはじめ大名の間にも石門心学を広めています。

その幅広い活躍は次第に道二の講釈の評判を広げ、彼の行動範囲は江戸周辺だけでなく5畿27か国に及び、78歳でなくなる前年まで全国を行脚したのです。彼の著作『道二翁道話』（上下二巻）は明治以後も刊行が続きました。それだけ道二の話は分かりやすく普遍性があり、人気があったのです。

道二の弟子・大島有隣（１７５５～１８３６年）は、道二の没後、参前舎の舎主を務め、関東における石門心学の興隆に寄与しました。加えて有隣の門弟たちは全国に及びました。

道二が開拓した石門心学は、こうして関東からも全国に伝わっていきました。その結果、幕末までには全国64か国１７０カ所へと石門心学の講舎は増え続けて広がっていったのです。

一方、大坂でも明誠舎（今日も存在して活動している）・静安舎などが、兵庫県では現在の篠山市日置に中立舎（２００８年、１３０年ぶりに建物が改築され、活動が再開された）が設立されました。

石門心学の開講はこのように、堵庵の時代になると京都・大阪から始まって関西地区へと広がっていきました。ホームページで検索すれば分かることですが、現在、石門心学の講舎で定期的な活動が行われているのは、大阪の明誠舎と京都の心学修正舎ですが、今後は中立舎が再開されたように、各地に石門心学の再開の動きが出てくるのではないでしょうか。

石門心学の講座が、今日まで約２９０年ほど続いているこの事実は、梅岩の思想が今も日本人の心をとらえていることを示すものです。

このことに関して、日下公人氏は著書『「新しい日本人」が創る２０１５年以後』（祥伝社・93頁）でこう述べています。

「武士に儒教があるならば、町人には石門心学がある。あちらに武士道があるならこちらには商人道がある、ということだ。『インチキして儲けてはいけない』『天地神明に誓って立派な行動を歩んでいると自然に儲かる』、そういう商売人でなければならない、と教えたのだ」

このように私たち日本人の心には、梅岩の思想が今も根づいているのです。

第3節　石門心学の存在は世間にどんな影響を与えたか

梅岩が生まれた年の１６８５年から幕末に至る約１８０年の歴史年表を見てみると、その間、時代は安定から混迷の時代に大きく変化していったことが分かります。江戸幕府の三大改革と言われている享保・寛政・天保の改革は、すべてこの混迷の時代に断行されました。これらの改革はそれまでの成長経済促進政策から一転して抑制政策に舵を切ったものです。

そのことは１９８０年代までのバブル経済が１９９０年代初頭に崩壊し、以後の日本経済が低成長を続けている現在の状態と似ており、したがって私たちは、当時の国民の生活に対する姿勢が大きく変わったこともよく理解できます。

先の３大改革では贅沢・奢侈な生活が禁じられ、国民は質素な生活に徹することが求められました。ちょうどそんな時代に石門心学が登場したのです。

梅岩が生まれた年は、5代将軍徳川綱吉が亡くなる2年前でしたから、元禄バブルの終焉期でした。京都の町にはバブル経済に踊って事業を倒産させた商家が全体の半数に達するほどの厳しい状況が生じたようです。

梅岩が11歳の時に京都の商家に奉公したものの15歳で実家に戻ったことは先に触れましたが、その理由は資料がないので分かりませんが、私は奉公先がバブル経済の末期に商売で失敗したことによるものと推測しています。

この少年期の体験は、梅岩に商人はどうあるべきかを考えるきっかけを与えたのではないでしょうか。だからこそ、二度目の奉公に出る時、すでに商人の生き方を導く人になりたいという志を抱いていたのだと思います。

その根底には、商人はどんなに儲けてもいいが、決して奢侈に走ってはならない、儲けた金は、世のため人のために再投資すべきであるという思想を密かに身に付けていたのではないかと推察されます。

それには天命である本心（性）に正直に生きることが大切であり、そのために倹約を生活信条にして、極力私欲を抑制し、誠心誠意、仕事に打ち込む、すなわち倹約・正直・勤勉に生きることでした。

その生き方を梅岩が自らの実生活で貫いていったのです。だからこそ梅岩の言動には説得力があったのだと思います。

この梅岩の思想は、当時の時代の流れにピッタリ符合するものでした。だからこそ梅岩の唱える通り、倹約をベースに世のため人のために勤勉に働くことが人生であると納得できる人が増えていったのです。

その状況は今の日本に似ています。１９９０年代の後半頃から、我が国は低成長経済の下にあり、それが今日まで続いていることは先に触れました。

そうした低成長経済が全国的に定着するにしたがい、梅岩に対する関心も徐々に高まっているのです。その証拠に、戦前まで続いた梅岩の思想を学ぶ各地の講舎で、戦後になって休眠状態になっていたものが、近年、再び開講するところが出てきています。

その典型的な一つが、手島堵庵が１７７３年に開いた京都の修正舎です。戦前から戦後の一時期まで修正舎に学んだ人たちの努力によって、２０１０年に新しく「心学修正舎」として再出発しています。

現在は一般社団法人心学修正舎となっており、ホームページを作成して活動状況を公表しています。現在の理事長・小谷達雄氏（株）イセトー代表取締役会長）は、２０１４年度の「理事長挨拶」の項で、以下のように述べています。

「戦後70年、急激に浸透・拡張されてきたグローバリズムの波は世界を利益偏重指向一色に走らせました。

その結果、バブル崩壊やリーマンショックも伴い、日本の良き伝統思想である『仁、慈悲、義、和』等を後方へ押しやりました。また世界の情勢は相変わらずウクライナやイラク、シリア紛争を始め東シナ海、南シナ海など混迷を深め、日本のみならず世界中の人々が多くの不安を抱えています。

しかし最近、この長年の日本の伝統の良さを見直し、再評価する動きが出てきております。

3年前の東日本大震災で日本は少なくとも今後10年は回復不能と言われた程の致命的な大打撃を受けました。その大混乱を世界中が注視する中、日本人の節度ある冷静な行動規範、身についた公序良俗、復興への一致協力した取組姿勢が驚異と尊敬の目をもって評価されました。

江戸時代中期に京都の一商人石田梅岩から芽生えた人の道『石門心学』もその日本伝統を受け継ぐ教えの一つです。日本古来の『神、儒、仏教』を独学で学び、『正直、倹約、勤勉』を旨とし、その教えを分け隔てなく町民・婦女子へと説き教えました。

更にそれは弟子から弟子へと引き継がれて瞬く間に全国64か国１７０カ所へと広がりをみせました。その弟子達が開講した一つが、現在我々が受け継いで活動している『心学修正舎』です。

日本の『好ましい社会の確立』のために、日本人の『良き伝統、行動規範』を次の世代に繋いでいくために、そして『石門心学が現代にも通用する生きた学問』としてお役に立ちたいと願っております」

この理事長の挨拶にあるように、世界的に見れば、日本人には節度ある行動規範、公序良俗の道徳観があり、災害復興への協力した姿勢が見られるのです
このことに関して、拓殖大学教授の呉善花氏は、著書『日本にしかない「商いの心」の謎を解く』（ＰＨＰ新書・２４６頁）で、次のように述べています。
「村落共同体では、私と公が切り離すことができない一つのものとして、二重化している、といえるでしょう。そこでの公私は、『公がなくては私は成り立たず、私があるから公がなくてはならない』という関係にあります。相互に補完し合う、相互関係になっています。（鈴木）正三や梅岩が仏教や儒教の言葉・論理をもって語っていた精神や倫理は、右のよ

うな日本人に特有な二重性、基本的には『共同性と個』（多と一）の二重性の意識に深くかかわっていると思います。

こうした二重性は、商人心得や商訓では、はっきりと相互補完関係になっています。『売り手よし、買い手よし、世間よし』の『三方よし』もその典型ですが、そこでは主人（売り手・商人）と客人（買い手・世間）は分離することのない、明らかな相互補完関係として示されています。ここに日本商人道の核があるといえましょう。神と人、あの世とこの世、自然と人間の神話的な結合を思う、伝統的な心性が想起されます。（中略）

江戸時代に入って、商業が大きく進展していくにつれて、経済は政治によってコントロールしがたいものとなっていきました。経済が封建制社会から分離しはじめ、資本主義的な自己展開がはじまっていきます。（中略）

日本には、全体と個、主と客が分離できない領域にずっとこだわり続け、その調和を理想として独自の近代世界を切り開いてきた今日にいたるまでの、延々たる歴史があるはずなのです。日本に独自の資本主義を見ようとするならば、何よりもそこに焦点をあてていかなくてはならないだろうと思います」

この呉氏の指摘している通り、梅岩の石門心学が与えた影響は、今日の日本経済の根幹におよんでおり、石門心学への考察が、さらになされるべきです。

第4節　梅岩の教えを今こそ学び直す時がきた

１９６４年に東京オリンピックが開催された時、私は28歳の働き盛りの日経の中堅社員で、家庭を持って2年目でもありましたから、当時の日本の状況をよく覚えています。このオリンピックを契機として、日本の経済は躍動し、企業も国民も前向きに大きく変わっていきました。まさしく成長期の日本をそこに見ることができました。

それに対して今度の２０２０年の東京オリンピックは、成熟期の日本で開催されることもあり、前回のような躍動感は感じられません。国民の間でそれほどの期待感も高揚感もなく、淡々と世紀の祭典を受け止めようとしています。

そういう意味でも日本は完全に成熟社会に突入しているのです、世の中が成長期から成熟期に移行するにしたがい、そこに住む多くの人々は成熟社会にふさわしい生き方を求めるようになります。

最近、マスコミでもしきりに使う言葉に「安心・安全」がありますが、この言葉には、国民がハイペースからスローペースの生き方すなわち「スローアンドステディ（ゆっくりと着実にことを行う)」へと、生き方変革を求めるようになってきた表れと言えるのではないでしょうか。

問題は、国民が安心・安全の価値観を希求することは、半面で、懸命に努力することよりものんびりと生きる姿勢にこだわる傾向を生じさせることです。

実は、江戸時代でも元禄のバブル経済が崩壊することによって、国民の間に怠惰な生き方が広がっていったのです。梅岩は、その快楽志向を警告する意味でも倹約・正直・勤勉を説いたのです。

石門心学を学んだ人は、その梅岩の戒めを心に刻み、常に勤勉に生きることを自らに課していったと言われています。

故・小谷隆一氏(1924年~2006年)は京都の伊勢藤商店(現イセトー)の4代目社長として、また京都財界の要人として日本青年会議所会頭・京都経済同友会代表幹事・京都商工会議所副会頭・京都府公安委員長などを歴任したほか、東大時代に山岳部で活躍したこともあり、京都府山岳連盟や京都府スキー連盟会長も務めるなど、京都を代表する経済人・スポーツ支援者として一世を風靡した方です。この小谷氏の一家は、代々、心学修正舎で石門心学の学びと実践を心掛けてきたのです。現在の京都心学修正舎理事長は、この小谷隆一氏の長男が務めているのもそのことによるのです。

小谷隆一氏は、生前の２０００年10月15日、京都国際会館で開催された心学開講２７０周年記念シンポジウムで、次のように述べています。

「今なぜ梅岩かということは、現代と時代が大変よく似ている、また問題点がよく似ているということだと思います。梅岩はこのように言っています。『今の世の中は、暖衣飽食、怠けて逸居することを生きがいとなす。ただ、それだけで何もしないのは禽獣に近い』。暖かい着物を着て、たくさんご飯を食べて、怠けて何もしないでいるということは鳥や獣と一緒である。だから自分は人の道を教えているのだということを、教えを説いた最初の言葉にしているわけです。

商人の道については、『都鄙問答』にいろいろ出てきます。『商人の道を知らざる者は、貪ることを勉めて家を亡ぼしてしまう。商人の道を知れば、欲心を離れて仁心をもって勉め、道にかない、栄えていくものである。学問の徳はそこにある』ということを言っています。また、『不義を行えば心の苦しみとなる。どうして不義をもって苦しむことをせんか』。義理に反したことをすれば、心が苦しくなるだけである。どうして不義理をするようなことをして、心を苦しめるもとをつくるのかと。

そしてこういう言葉もいっております。『勤むべきことを先とし、売ることを後にするの忠をなす』。ともかく一生懸命に働きなさい。そして利益をあげることはあとに考える。それが君に仕える忠義であるという言葉です。

私は個人商店の経営者として4代目になりますが、父も祖父も私に会社を大きくしろとか、あるいは利益をこれだけあげろと言ったことはございません。ともかく一生懸命に働け。働くことが商人の道であると言われました。そして梅岩の言葉で非常に強く感じ入るのは、『真の商人は先も立、我も立つことを思うなり』と言う言葉です。世の中には真の商人と嘘の商人があるものだ。

真の商人は先方も自分も利益を得ることを考えるものであると言っております。先ほどから宗教心の話が出ておりますが、今こういう道を教えなければ、世の中はますますおかしくなってしまうと思います。

私が結論として申しあげたいのは、宗教心、道という言葉もいいのですが、『自律』という言葉です。自分で規則をつくり、規範をつくり、それを守っていく。そういうことがいちばん必要な世の中ではないだろうか。傲慢であり、誠実さを失い、謙虚さを失うような現在の世の中で、それを自ら反省し、直していくためには自律心がなければいけないのではないだろうかと思います。

新しい資本主義社会ということで事前に打ち合わせをしていて、私が思いついたのは『自律資本主義社会』です。自分で自分の道をつくり、それを守っていくような資本主義社会がいいのではないかということです。実につたない考え方ですが、そういうことを考えております。

日清・日露戦争に勝って、日本には驕りが出てきた。その驕りが富国強兵であり、そして第二次大戦の初期の驕りになってきたわけです。そこから今バブル経済を経て反省期に入ってきているときに、やはり過去においていちばん役に立つのは梅岩の唱えた道ではなかろうかと考えている次第です」

この故・小谷隆一氏の述べておられることを、私たちは今、素直な気持ちになって受け止めるべきではないでしょうか。

現在の日本では、本気で相手のために誠心誠意仕事に打ち込むことよりも、自分の都合を優先して仕事をする人のほうが、増えている傾向が見られます。

国民政治協会会長で、政治家に対して辛口で知られる昭和電工最高顧問の大橋光夫氏は２０１７年2月24日付日経朝刊の『私の履歴書』㉓で、「私は政治家の世襲には反対だった。だが、最近になって主張を変えた。論文や面接で選ばれて政治の世界に入る人に、志を持って命を懸けてでも国家や国民のために尽くす覚悟が非常に低いと感じている。政治家の父や親戚の背中をみて気概を知った2世や3世の方が、個人企業主の感覚で政治に加わる人よりはよほどましだ。これは憂慮すべきことだ」と語っていますが、このことは日本人の一般的な生き方にも当てはまることです。

自分の仕事に全身全霊で立ち向かう姿勢をなくし、給与分だけ働けばいいという気持ちを抱く人が増えているのはそれこそ憂慮すべきです。こうした国民が増えれば、その国の将来はありません。それは歴史が証明しています。やはり人間は、仕事に本気で真剣に打ち込む時に、あらゆる可能性が出てくるものです。そのことは梅岩の時代も今の時代も全く同じことではないでしょうか。

第5節　石門心学が示す今日的な生き方の指針

日本政府は１９４８年以来「国民生活に関する世論調査」を毎年行っていますが、１９

７２年度調査から今後の生活についての項で「今後は心の豊かさに重きをおきたいか、まだ物の豊かさに重きをおきたいか」について尋ねています。

１９７７年までは物の豊かさを重視する人が41・３％に対し、心の豊かさを重視する人は36・８％でした。それが１９７８年には心の豊かさが42・２％、物の豊かさが38・８％と逆転し、以後はその差が広がっており、直近の２０１６年の調査ではその差が２・５倍以上になっています。

今や日本人の多くは仕事面でも家庭生活面でも心の豊かさを実感できるような生き方を求めているのです。

もともと日本人は歴史的に見てもずっと心の豊かさを大切にする国民でした。その証拠に戦前までの日本人は、水前寺清子が『いっぽんどっこの唄』の一番の歌詞で「ぼろは着てててもこころの錦」と歌ったように、物よりも心を重視する精神の持ち主でした。

心よりも物を重視する考え方になったのは、太平洋戦争で日米が戦った時、アメリカの物量作戦に負けたことによるものです。戦時中から戦後にかけて、日本人は物不足の経済に苦しみました。そのことによって心を大切にする日本人の伝統的な生き方が、人々の生活から一時はなくなりかけたのです。

しかし第二章第一節でふれたように、今、原点回帰現象が日本人の心にも起きています。現在のように物余りの時代を迎えてみると、どんなに物が豊かになっても、心の豊かさを感じることのできない生活は本当の人生ではないと悟りつつあるのです。

その回帰現象の分岐点になったのが１９８０年であったことは、先の「国民生活に関する世論調査」が示しています。

私はその前年の１９７９年に独立し、心の大切さを訴える講演を始めましたが、日本国中で心の豊かさを求める傾向が出始めていたこともあって、私の講演はその時代の波に乗り、全国から講演の依頼をたくさんいただくことができました。それが今日の私の生活の土台になっているのです。このことからも、私は実にタイミングのいい時期に独立できたと考えています。

私が独立する前に、アメリカから心を鍛える代表的な教育プログラムが２つ上陸し、企業教育や自己啓発の分野で普及し始めていました。一つはポール・Ｊ・マイヤーの『ＳＭＩ』プログラムであり、もう一つはボブ・コンクリンの『ＡＩＡ』です。共に１９８０年代にわが国でも大いに普及しました。これは日本人が心の豊かさを求める動きに呼応した現象であったと言えます。

しかし1980年代から1990年代の初頭までは、バブル経済の影響もあって、まだまだ物の豊かさを追いかける人も多かったのは事実です。

ところが1995年（パソコンソフト・ウインドウ95が出てきた頃）から、バブル経済崩壊もあって、日本中に低経済による不況の波が押し寄せるようになると、人々は物の豊かさよりも心の豊かさを本気で求めるようになりました。

その頃から、かつて日本人が心豊かに過ごした低成長経済下の江戸時代を顧みる動きが出てきました。石田梅岩や二宮尊徳の本が盛んに読まれるようになったのもその表れです。

当時の私は、そうした時代の要請もあって、『石田梅岩・二宮尊徳の教え　人生は「自分の力」で切り開け！』（大和出版）という本を書きました。それは1996年のことでした。

この年の前後から、梅岩や尊徳に関する本が次々と出版されるようになり、その動きは今も続いています。例えば2017年3月に出版された『世界が称賛する日本の経営』（育鵬社・214頁）には、梅岩の心学について次のように詳しく紹介されています。

「人の心は天につながっているので、私欲に駆られて人を騙したり、放蕩の限りを尽くして家業を傾けたりしたら、心の奥底の良心が疼く。『勤勉・誠実・正直』に働いてこそ、心も安心に満たされる。同時に事業は繁盛し、周囲からも感謝される。

それが輪となって広がれば、立派な社会が築ける。このように人間の心を原点として経営を考えるところから、梅岩の教えは『心学』と呼ばれた。（中略）

心学の広まりは、日本人の仕事観、事業観に大きな影響を与えた。現代の日本人も『石田梅岩』や『心学』は知らなくとも、ここで紹介した考え方は『常識』として受け入れることのできる人が多いだろう。これがどれほど立派なことなのかは、騙し合いが当然の中国などで仕事をした経験のある人は、よくわかる。日本企業の強みは『勤勉・誠実・正直』で『三方良し』を目指す日本的経営にある。それを知った欧米企業は、この点で急速にキャッチアップしつつある。日本経済が繁栄を続けるためには、この『勤勉・誠実・正直』でさらに先を行くしかない。そしてそれは経済的な豊かさだけでなく、精神的な豊かさへの道でもある」

私たちは物の豊かさはお金があれば実現できますが、心の豊かさはお金では買えません。心の豊かさは心を磨く良き習慣を日々実践していかねばならないからです。ですから、心豊かな生活をしたければ、まず自分の生活習慣を良くしていくことから始めなければなりません。しかもその習慣をずっと続けていかなければ意味がありません。

戦後の日本人は物不足の生活から一刻も早く脱却したいからと、収入を増やすために懸命に働きに働きました。その甲斐があって、今や日本は世界の先進諸国の一員として、物には恵まれる国になりました。

しかしその半面、心を豊かにするための生活習慣について努力することを怠る人が増えています。そのせいもあり、心を磨くための良き習慣を軽視するか無視しても平気でいられる傾向が世の中を覆っています。

今、日本の家庭では、家族同士で心の豊かさを感じ合う瞬間が減っています。「幸福とは、幸せを感じる瞬間の積み重ねである」という言葉がありますが、それは心を磨く習慣を一つ一つ積み重ねながら、その瞬間に感じる感情が幸福であるとも言い換えられます。

しかし良き習慣の下で精神的な幸せの瞬間を持つことが幸福であるという認識を、私たちはいつの間にか忘れてしまっています。かつての日本人は、どんな質素な生活の中でも、幸せを感じ取ることができました。それは心を磨くことが人生で最も大切であるという思想を、先祖伝来、受け継いできたからです。

心の豊かさを見いだないでいる私たちは、この日本人が心を磨くことを大切にしてきた歴史にもう一度目を向け、心を磨くことに本気で取り組みたいものです。

そのことが理解できれば、梅岩が唱えた倹約・正直・勤勉な生活を形成する良き習慣を、日々の生活で繰り返し実践していく過程そのものが、幸せなのだと分かるはずです。その観点から、梅岩の心学を己のものにしたいと思います。

第4章

商人道に学び、これからの時代にどう備えるべきか

第1節　得手に帆を揚げての生き方を自分の手に

江戸時代は武士階級が世の中の支配階層でしたが、それは全人口の7%前後の人たちに過ぎず、残り93%のいわゆる農工商の階層の人たちは、大きく捉えて、みんなその道の職人でした。農民は農作業の職人と解釈できますし、同じく商人は商売の職人とも言えるからです。

このことから、江戸時代までは武士以外の人は、みんな職人として生きていたのです。当時の職人は固定給でなく出来高制で収入を得る職業ですから、現在の言葉で言えば個人事業主ということになり、その生き方を示したのが商人道であると言えるのです。

事業主は独立することが条件の職業です。独立して生きる人に共通しているのは、基本的には明日は保障されていないことです。したがって今日の目の前の仕事に命を懸ける以外に、明日も生きていける道はありません。

この点がサラリーマンと根本的に違うところです。私が日経を辞めて最初に痛感したのはこのことでした。妻と妻の母親と2人の子どもを抱えて生きていくには経済的な収入が必要ですが、その収入を誰も保証はしてくれません。したがって今ある仕事を通して、次の仕事につなげていくしかありませんでした。

このサラリーマンとは決定的に違う生きる条件を知った時、私は初めて独立して生きていくことの厳しさを強く実感したのです。

このことは私だけではありません。サラリーマンを辞めて独立した人は誰もが経験することです。口で言うのは簡単ですが、実際に独立した人でないと、その気持ちは分からないでしょう。

独立独歩の道を選び真剣に生きている人は、誰もが仕事に懸命に取り組み、相手の期待以上の成果を挙げようと心がけるものです。

講演業の世界でもそうです。サラリーマンがアルバイトで行う講演と、プロの講演家の講演との違いは、まずその気迫です。

私が独立して5年目の時の話です。ある中堅商社の20周年記念の講演会の講師に私が招かれることになりました。その会社の社長が私の講演を聴いて、お誘いくださったのです。

当日、早めに会場の講師控室に入ったところ、社長の父親である会長が私に会いにきました。開口一番、「前回の15周年記念の時は、○○銀行の支店長に講演してもらったのですが、今回は息子がぜひあなたをと言うものですから、お願いすることにしました。ところで、あなたは銀行の支店長よりも講演料が高いのですね」と言われました。

そこで私はこう答えました。「申し訳ございませんが、銀行の支店長さんは講演のプロではございませんね。私はプロの講演家です。アマチュアの方の講演とプロの講演とどこがどう違うか、会長さん、今日の私の講演をお聴きくださって、その違いをご判断いただけませんか」

そして講演会が終わると、会長は再び私のところにきて、「先ほどは大変失礼なことを申し上げてしまいました。アマとプロの違いがよく分かりました。ご無礼をお許しください」と言われました。

私が会長に分かってほしかったのは、一つの講演に命懸けで臨むプロの姿でした。私は独立以来、講演に臨む時はどんな場合でも「これまでで最高の講演をさせていただこう」と思いながら、たとえどんなに聴講者が少数であろうとも、熱意をもって、しかも情熱的に話すことにしています。それがプロとしてのあるべき姿だと考えているからです。

ところがサラリーマンの方で先の支店長のように役割として講演をされる人は、講演に対する姿勢がそこまでに至っていないのが一般的です。それはそうでしょう。アマチュアの方の講演はあくまでアルバイトであり、本業ではありませんから。

一方、どんなプロでも、応分のお金をいただくには、それに匹敵する仕事の質が求められます。プロの講演家の場合は、講演内容と同時に聴講者に心的変化を起こさせるだけの熱誠（熱意と誠実）が必要です。講演後、「あの人の講演を聴いてよかった」との感想を漏らしてくださる方々が大勢おられることが、プロの講演家としての条件だと思います。

私は講演家になる前の日経時代に、デール・カーネギーの話し方教室や話力総合研究所のセミナーで、受講者のスピーチ訓練の助手を務めたことで、数多くのスピーチを聴いてきました。

例えば「心に残る思い出」といったテーマで3分間の話をしてもらうと、感動的な話を時折聴くことができる場合があります。その場合、圧倒的に多いのが事業主の方の話です。命懸けで仕事をして依頼主から喜ばれて、ホッと安堵した時の体験談を必死にスピーチする様子を目の当たりにしますと、その方の気持ちが聴き手の私の感情に移入されて自然に感動するものです。

私はこうした教室での実体験を通じて、保障のない世界で、今日の仕事に懸けることで生きている人の話は、インパクトがあることを強く感じてきました。

その貴重な経験から、私が講演の世界で生きていくとなれば、日経を辞めて自分の選んだ道に全身全霊で、それに懸けていくことが必要だと痛感しました。

つまり、プロになるには、今に懸ける覚悟と、そうせざるを得ない絶体絶命の立場が求められることを悟ったのです。このことは、全ての事業主・職人に共通することです。そこがサラリーマンと決定的に違うところです。

「はじめに」の項で述べたように、私は日経時代に1500回程度の講演をしたこともあり、人前で話すという場数はかなり経験してきました。しかし、それはあくまでも「日経」という看板を背負った立場でさせてもらったのでしかありませんでした。

ところが、「日経」という後ろ盾を放棄し、「田中真澄」という個人で話をするとなると、よほど個人としての独自性と人を納得させることができる事実と話力がなければ、聴講者は耳を貸してくれません。

ですから、独立前と独立後の私の話し方は大きく変わりました。それはそうでしょう。もし今日の講演が失敗に終われば、明日からの仕事がなくなる恐れがあるとなれば、話に懸ける意気込みが違うのは当然だからです。

このような実体験を積み上げてきた私だけに、プロとして独立独歩で生きる職人・事業主の立場や気持ちは痛いほど分かります。プロは仕事を引き受けた以上、どんな劣悪な条件下でも完遂しなければならない責任があります。途中で投げ出すことは許されません。それがプロとして生きる最低の条件です。

これからは、全てのサラリーマンが少なくとも定年後は何かのプロとして生きていかねばならない時代を迎えます。そのことを前提に、サラリーマン時代にそうしたプロとしての代理体験を重ねておくことが、独立する際の必要な条件になるのです。そのためには、梅岩が唱えたように、己の欲求を抑えて誠心誠意仕事に打ち込むという習慣を身に付けることが肝要です。

第2節　得手の指導者（メンター）に出会い、専門家を目指す志を

繰り返しますが、これからの時代は、サラリーマンで終われなくなると覚悟すべきです。長い老後をいつまでも活き活き生きるには、少なくとも定年後には、独自の能力を磨いて、何かのプロ（専門家）として生きる人生を歩む備えを、若いうちから行っておくことが、全ての人に求められます。

一人の人間が組織を離れ、独立独歩の道を歩むとなれば、その人の存在価値を示す独自の能力を備え、それがプロとして認められるだけの水準にあることが必要となります。世

間がその人の専門力にお金を支払うのは、その能力が人並み以上に優れていることが前提となるからです。

その世間とは、同じ道を歩む先達者も含まれます。石田梅岩は神道・儒教・仏教・道教を独学で学んだ後、42歳の時に禅師・小栗了雲に出会い、それまでの心の混迷を解くことができ、心眼を開いて、ついに指導者になっていったのです。

梅岩だけでなく、人はある段階にくると独学だけでは解決できない壁にぶつかるのが一般的です。だからこそその道のプロになるには、すでにその道で活躍している先達者でもあるメンター（指導者）と出会う機会を手にすることが欠かせないのです。

そのことについて私の事例を挙げたいと思います。

私が将来は個人事業主になる夢を就職する時から抱いていましたから、具体的なことは就職して実際の仕事に就いてから検討することにしていました。

ただ事業主になる以上、営業の仕事に就いておくことが必要であると考え、日経に入社後は営業の第一線で活動できるようにしたことは、これまでに幾度も触れてきました。

私は中学・高校で生徒会長に選ばれたこともあって、人前で話すことには同年代の仲間たちよりも場数を踏んでいました。それが分かったのは、大学時代に教育実習で付属高校の生徒の授業を受け持った時でした。

３年生を対象にした私の授業は「とても面白いよ」「話すことに慣れているね」と私の授業を参観した仲間たちから言われました。そして教育実習最後の日に、全校生徒の前で私が実習生を代表してお別れの挨拶をしたのですが、この挨拶が生徒たちだけでなく、校長はじめ諸先生の間でも評判がよかったのです。


そうしたことから、話すことについては、いささか自信を持っていた私は、日経に入社後は、新聞販売店の従業員教育をはじめ店主会や労働組合の会合で、機会を見つけては積極的に話すことを重ねていきました。

さらに入社後10年目あたりから、人事部から新入社員研修の講師を依頼されるなど、日経の枠の中で講演をする仕事が多くなっていきました。

日経マグロウヒル社に出向してからは、セールスマン教育やアルバイト従業員の教育も担当するようになり、話す機会は一層増えていきました。

ある時、日経本社販売局のセールス研修に招かれて話をした際に、傍聴していた先輩が「君の話を聴いていると、次第にやる気が湧いてくるね。君は将来その才能を活かすといいと思うよ」と言ってくれました。

その先輩に対しては普段から一目置いていた私だけに、この言葉は私の強い動機付けになりました。なぜなら、その頃には、自分は人の前で話をするプロとして生きる職業に就きたいと密かに思っていたからです。

ちょうどそんな時に、アメリカでモチベーショナルスピーカーという、人をやる気にさせる講演のプロがいることを知りました。よく調べてみると、彼らの大半が、元の職業は牧師・教師・セールスマネージャーといった経歴の持ち主であることが分かりました。

私の経歴もそれと似ていることから、しっかり勉強すれば、彼らの仲間入りができるはずだ、よし、私は日本初のモチベーショナルスピーカーになろう！　と考えるようになりました。

そこで早速、当時、アメリカ最大の話し方教室を主宰するデール・カーネギーコースの日本支部を運営していた㈱ジャパン・インスティテュートの社長・望月幸長氏を訪ねていき、私の気持ちを伝え、今後のことを相談しました。

望月氏は１９３９年、訪日したデール・カーネギーの通訳をした方で、『人を動かす』の原書を日本人で最初に読んだ方でもあります。

望月氏は「デール・カーネギーこそモチベーショナルスピーカーの元祖です。私共の講座の本質はエンスージアズム（enthusiasm）です。この言葉は日本では熱意と訳されていますが、私は熱誠と言っています。熱意と情熱を併せた言葉です。あなたの希望を叶えるには、まずカーネギーコースに学ぶことです。

私共では日本人向けの日本語コースと外国人や英語の仕事に携わっている人たちのための英語コースがあります。あなたは英語コースを選んで、アメリの現場と同じテキストで学ばれるといいですね」と語り、望月氏が翻訳した『デール・カーネギーへの道』（ダイヤモンド社）を読むように勧めてくれました。

さっそく望月氏の助言に従って英語コース（夜間）に参加し、講座終了後はコースのインストラクター助手を1年間務めました。このことは講座でアメリカの教科書を使い、本部で資格を取得したインストラクターに学ぶことで、デール・カーネギーから間接的に学ぶことができたことを意味しています。

次に日本でのメンターとして話力総合研究所の永崎一則氏を選んだことは前述しました。永崎氏は話し方を体系的に理論化した「対話論」（話力学）を東海大学で講義した最初の人物です。

幸いにも私は永崎氏の知遇を得て、日経を辞めて1年間、話力総合研究所の講師の座を与えてもらいながら、個人的にも親しく指導を受けることができました。氏は企業の幹部向けの週末の話力講座に私を助手として帯同してくれました。そこで、実際の指導ぶりに接し、そこから多くの気付きを得ました。

この結果、中学時代から個人的に積み重ねてきた人前で話す経験を体系化することができ、私のモチベーショナルスピーチを心理面・内容面・技術面で確立でき、プロとしてやっていく自信につなげることができました。

永崎氏は、年齢では私よりも10年先輩です。今は入院加療中ですが、リハビリを重ねて現役復帰を目指しておられます。話力指導のプロとして前向きに生きていこうとなされている姿勢に、私はいつも大きな刺激を受けています。

デール・カーネギーコースでの1年間、話力総合研究所での2年間、メンターに従って直接・間接的にスピーチを基本から学ぶことができたことは、その後、プロとして活動する私の理論的な支えとなりました。

加えて、永崎氏は、執筆を重ねながら自分の理論を磨き続けることの大切さを訴え、「本を書かない人の話力は退化する。あなたも独立する以上は、本を書き続け、自分の話力向上を絶えず目指すことです」と語ってくれました。現に氏は１９４５年以来、話力の研究を重ねながら、３００冊を超える著作をものにされています。このメンターの生き様に学びたいと、私も常に執筆を続けることを日課にしてきました。おかげで永崎氏には及びもつきませんが、それでも93冊目のこの本を書くまでに至っています。

第3節　プロとして生きるうえで欠かしてはならないものは何か

最近は、定年退職後に独立を図る人が増えています。シニア起業を志す人たちが年々増加傾向にあることを、『中小企業白書』では詳しく報じています。そうした現象を後押しするように、政府・銀行・商工会議所・商工会などの関係機関が、起業支援の諸制度を積極的に創設しています。

こうした起業に対する支援制度は、先進諸国では日本よりもずっと進んでいます。そのこともあって日本政府もこのところ盛んに起業に関心を寄せ、独立支援制度の充実を図ろうとしているのです。

しかし、どんなに政府や関係団体が起業に関心を寄せても、起業主がその気になって起業を始めても、その事業が失敗すれば、当事者本人だけでなく、起業を支える組織も失望することになります。

そうしたマイナス面を少しでも減らすには、創業の成否を決める「顧客創造の仕組み」を起業主が備えているかどうかにかかっています。ところが、起業主で顧客創造の重要性を認識している人が、意外にも少ないのです。

実は起業で最も難しいのは、その起業の土台となる顧客を創り出すことです。

これができれば、90%は成功したようなものです。

それでは、どうしたら自分が創った会社なり店なりの顧客を創造し、それを維持拡大して、成功につなげていけるのでしょうか。その起業の基本中の基本が分かっていないと、どうしても立ち上げた会社が早い時期に倒産する危険性から逃れることができません。

「創業は易く守成は難し」という言葉がありますが、これは「事業を起こすことは容易だが、それを存続させるのは難しい」ことを表しています。それほど事業を続けることは始めることよりも数十倍難しいのです。

私は講演業という事業を営んで38年になりますが、その間、私の周りだけでも多くの方々が講演業界に参入してきました。新聞社や雑誌社、放送会社などを辞めた方々がその主流です。そういう方々は現役時代の勢いで独立当初は業績を急成長させていきますが、それもせいぜい5年足らずです。その後は徐々に衰退していきます。10年も存続すればいいほうです。

では、どうして続かないのでしょうか。それはビフォーサービスとアフターサービスの欠如が原因と言えます。つまり事前にどれだけの顧客の掘り起こしをしているか、そして仕事をした後のフォローアップを丁寧にしているかです。

顧客創造の基本を徹底的に実践し、大繁盛している大阪市の弁護士・西中務氏（１９４２年生まれ・75歳）の事例で、その基本を検証してみましょう。

氏は大阪大学法学部卒業後、会社勤めをされた後、25歳で司法試験に合格し、以来47年間、民事・刑事のさまざまな事件を担当。その間、依頼者は１万人を超えています。

氏のモットーは「人とのご縁を大切に」で、「袖触れ合うも多生の縁」の言葉通り、出会った方々とのご縁を大切にしてこられました。とても筆まめな方で、出会っ方には必ず複写はがきのお便りを出されます。暑中見舞いと年賀状は２万枚に及びます。さらに社会貢献活動として、老人ホームでの傾聴ボランティア、「いのちの電話」の相談員も10年間務められました。著書は『ベテラン弁護士の「争わない生き方」が道を拓く』（ぱる出版）、『１万人の人生を見たベテラン弁護士が教える「運の良くなる生き方」』（東洋経済新報社）の二冊を出しています。

私は西中氏の所属されている勉強会に招かれて講演したことがご縁となり、ここ10年程お付き合いをいただいていますが、氏の筆まめさには只々頭が下がるばかりです。私がどこかで講演したことの評判や拙著を読まれた読後感などを手紙やはがきで即座に伝えてこられます。それもすべて肯定語で表現されています。まさしく氏の行為は利他に徹しておられます。

このような対応を個々の人間関係で活かしておられるのですから、氏のファンが増えるのは当然というものです。

このところ士業と称される弁護士・公認会計士・税理士・弁理士など、これまで国家資格に守られて安定した経営を続けてきた業界も、競争激化によって資格にあぐらをかくことが許されなくなりつつあります。その中にあって、西中氏のように引く手あまたの存在でいられるには、それこそ普段の顧客創造の具体的な行動を絶えず続けていくことが重要です。

今から15年前の2002年、私は拙著『大リストラ時代・サラリーマン卒業宣言!』（PHP文庫）の中で、サラリーマンから事業主に転じて成功した人を10名選んで、成功までの様々なプロセスを紹介しました。

読者からの反響が一番多かったのは、行政書士・社会保険労務士の事務所を経営している今井宏行氏の事例でした。

今井氏は、事務所を開設するに当たって、先輩の先生の事務所で実務研修を行いましたが、その時の模様を拙著で次のように記述しています。

「事務所の先生は『〝士業〟で独立するには、まず営業力を磨くことだ。実務の仕事はあとでゆっくり教えてあげるから、まず最初に事務所をセールスする仕事をしてごらん』といって、飛び込みのセールス活動とチラシを配る作業を徹底的にさせてくれました。

例えば、チラシ配りは午前中の5時間で500枚、午後の5時間で500枚、合計10時間で1000枚。そのペースで10日間続け、1万枚を配る作業を黙々と続けました。最初の1000～2000枚ぐらいまでは、あまり手応えは感じませんでしたが、3000枚を超える頃から徐々に反応が出てきました。

そして1万枚を配り終えると、結果的に10件ほどの問い合わせがあり、そのうち3件ほどが成約につながりました。よくチラシの効果は『千に三つ』といいますが、この世界では『万に三つ』のようです。（中略）

指導してくれた先生が『あなたには1億円のお土産を差し上げたつもりです』と氏に語りました。この言葉は『営業の仕事を通して身に付けた経験はあなたに1億円相当の仕事を提供してくれる顧客を見付け出すノウハウなのですよ』という意味だったのです。

その後、氏は事務所を新設し、チラシを配り続けて、少しずつ顧客を増やしていく過程で、この言葉の意味することが実感できたのです。

そこで最近、氏の事務所に見習いに来る行政書士や社会保険労務士の卵の人たちには、同じように営業の仕事を経験させて、その人たちを送り出す時には、やはり『1億円のお土産』の話をすることにしているのです。

先日、その卵だった1人から『本当に1億円のお土産をいただきました』とお礼の電話があったそうです」


この事例からも分かるように、顧客創造は「労多くして功少なし」の厳しい現実を受け止め、それを良しとして乗り越えていく覚悟がなければ、事業の継続も繁栄もないのです。

したがって、ビフォーサービスもアフターサービスも楽して儲ける姿勢ではできません。

「地味に・こつこつ・泥臭く」の言葉のように、商人道に徹して黙々と続けてこそ成果を手にできるのです。

第４節　プロは普段の習慣がセールス行為であることを忘れてはならない

世間というのは、その人の生活習慣や仕事ぶりを見て、その人物の信用度を見抜く力を持っていると言えます。

２００４年に出版した『田中真澄のパワー日めくり』は、15年経った今日も講演会場でよく売れています。そこには私が講演でよく使う語録が31項目収録されています。その中でも特に頻繁に紹介する言葉があります。

〝生活習慣は力〟のタイトルの下で示されている「良き習慣の奴隷たれ　人生は習慣で決まる」です。この言葉を板書して、こう語りかけることにしています。

「私は今81歳ですが、80歳を超えた頃から、人生がよく見えるようになってきたと感じています。

世の中には学歴にも地位にも名誉にも財産にも恵まれながら、少しも心豊かに生きていない人がいるものです。そういう人に共通しているのは、良き習慣が身に付いていないことです。その結果、常に自分中心の発想で、相手を慮る配慮が不足している傾向が見られます。世間の人々は、そういう人とは、正直なところ付き合いたくないと思っています。

一方、一度出会っただけなのに、明るい雰囲気を持ち、心が豊かな人であることがすぐ分かり、また会いたくなる人がいます。そういう人は総じて良き習慣が身に付いています」

そういう良き習慣を身につけた人は、どちらかと言えば、サラリーマンよりも事業主の人に多いように感じます。

何度も繰り返しますが、事業主は顧客創造という宿命から逃れられません。そのことを身に染みて分かっている事業主は、できるだけ多くの人を味方にしたいと常日頃から考えています。

そういう考えが根底に根付いていると、全ての人が顧客なり見込み客なり紹介者になりうるだけに、世間に好印象を与える良き習慣の持ち主になっていくものです。その証拠に、長い年月、事業が順調に推移している事業主ほど、人々に好ましい印象を与える習慣を身に付けています。

老舗と言われているところほど、事業主は顧客や取引関係者を厚遇する習慣を実行しているのはそのためと言っていいでしょう。

例えば、「出迎え三歩に見送り七歩」の言葉のように、来客が帰る時には、出迎えた時以上に心を込めて見送ることを、常に実行していることなどです。具体的には、お客様を玄関でお見送りした後も、その方が見えなくなるまで、ずっとお見送りし、姿が見えなくなったら、最後にご無事にお帰りになりますようにとお祈りしながら深々とお辞儀をすることを言います。

こういうことを本当に実践している事業主がいるのです。私はそうした事業主の会社を訪問しながらその実際を見てきました。そうした会社は、顧客重視の精神が浸透していますから、事業が順調に推移していると明言できます。

お見送りに心を配ることは、「後始末きちんと」というしつけに通じるものですが、このことを武道や茶道では「残心」と称して、最後の最後まで気を抜かずに事に処することを重視せよと教えています。

これはまた、帰る人に必ずお土産を持たせる行為にも通じるものです。私が独立して間もない時期に、埼玉県大宮市の中堅企業から社員研修に招かれた時のことです。当時、その会社の社長は自分のところに尋ねてきた人には、必ず、前もって用意していた地元の名産のお菓子をお土産に持たせていました。それは飛び込みのセールスマンに対しても同様の対応でした。

お土産をもらって悪く思う人はいませんから、その社長はだれからも好かれていましたし、事業も好調で、今も繁栄を続けています。

こうした見送りを重視する会社や人は、フォローアップの良さにも通じています。顧客からの問い合わせやクレーム処理を最も大切な仕事として対処している企業は、顧客の評価も良く、そのためにリピートオーダーの確率も非常に高いことにつながっています。またそのことが、良客確保にもなっています。「商売は良客の数で決まる」という商売の鉄則の重要性が、そこに見られます。

通販会社でも、クレーム対応業務に最優秀のベテラン社員を配置し、誠意溢れるフォローアップをして顧客の満足度を第一にしているところは、良客に恵まれていますから、景気に左右されることがなく、順調に売り上げを伸ばしているものです。

また、そういうところは顧客の口コミで新規顧客を獲得できていますから、販売促進のために余計な経費をかけずに済んでおり、利益率も高く安定した経営を続けています。

本当に賢い経営者は、良質な顧客との取引を願って、決して無理な販売政策はとらないものです。老舗に共通するのは、そのことです。長い年月、商売をしていると良い顧客に恵まれることがいかに大切かを会得します。商売は量よりも質です。量で勝負している会社は長続きしません。その点、顧客の質にこだわり、顧客との信頼を最優先している会社は、決して安売りはしません。

一方で、量販に懸けている会社は、常に大量販売に追われていきますから、社員もまた仕事に追われるようになり、精神的な余裕がなくなり、良い仕事ができなくなります。そういう会社は長い間には良い顧客に支持されなくなり、衰退の一路を歩むことになっていきます。

良い顧客ほど、相手の普段の生活態度を見ています。いつも顧客に親切で、何かあってもすぐ気持ちよく対応し、顧客に不快な思いをさせないように気配りの行き届いたサービスをしている会社や店を、顧客は手放しません。

私がかつて日経の都内専売店のディーラースヘルプの仕事を担当していた時のことです。非常に読者から評判のいい専売店がありました。新聞配達の作業は他の店と同じ作業ですが、この店は店員の着る作業着をいつも清潔に保ち、挨拶がよくでき、顧客に不快な思いをさせないように、身なりや言葉遣いを良くすることを、店主は常に厳しく指導していました。

配達に使用する自転車やバイクは手入れが行き届いており、目に付くところに店名と電話番号が鮮明に書かれていました。自転車やバイクは動く看板であるというのが店主の考え方でしたから。

こうして朝夕の新聞配達で、そこの店員の起居動作が素晴らしいと世間からの評判が立つようになり、店員が盆暮れの集金時に読者を訪ねると、中にはお中元・お歳暮を用意して待っているところもたくさんでてきたのです。

そして何よりも、読者からの紹介で新規読者を獲得できる状況が続出し、その専売店の配達部数は毎月漸増していきました。

しかも店主は、年1回は背広姿で全読者を訪問し、感謝の意を表明すると同時に、「私は区域のことは何でも知り尽くしていますから、困ったことがございましたら、いつでも何なりとご相談ください。お力添えさせていただきます」と伝えて歩きました。

ここまでフォローに命を懸け、一所懸命な店主の姿に接した読者は、どこまでも応援したくなるものです。普段の良き習慣が最高の販売法でもあるのです。

第5節　顧客に好かれる人や会社に関心を寄せ、そこから何かをつかもう

「学ぶ」は「真似ぶ」からきた言葉だと言われています。そこで、人生を心豊かに生きた人がどんな良い習慣を身に付けていたのかを、まず学ぶ必要があります。そしてその習慣

を真似することから人生をやり直すべきだと思います。

では、どんな人たちを学びの対象にしていけばいいのでしょうか。

それは、これからの時代は、定年後に就商期の時期を迎えることを考えて、サラリーマンから独立し自営の人生を選び、自営の人生をどう貫いているかを学ぶことです。

その場合、私がこれまで繰り返し訴えているように、サラリーマンと事業主の違いをはっきり意識し、たとえ今はサラリーマンであっても、これからの時代は、だれもが事業主になる可能性が高くなることを自覚し、まず自分が事業主になったつもりで、どんな事業主からも学ばせてもらおうという気持ちを持つことがとても大切です。


サラリーマンは労働基準法の下で働くのが条件になっています。つまりサラリーマンは国の法律によって働くことが制約されているのです。

目下、安倍内閣は働き方改革を推進し、過当な超過勤務の是正を図っています。そのこともあって国民は長時間労働を否とする考え方を抱きつつあります。

一方、事業主と同居の親族には労働基準法が適用されないことが労基法１１６条で明記されていることもあり、事業主は長時間労働を是とする生き方ができるわけです。

創業時の成功を決めるのは長時間労働です。働いて働いて働きまくる姿勢で臨まなければ、どんな事業も成功することはできません。時代を超えて「長時間労働に勝る商法なし」の言葉は真実なのです。

ところがサラリーマン生活を長く続けていると、長時間労働はもちろん、土曜・日曜・祝日に働くことを良しとする考え方にはどうしてもなじめなくなります。体も心も休日はのんびりしようという習慣に慣れ親しんでしまっているので、そういう休みなしの働き方に反発する考え方が身に染みているのです。

このサラリーマン時代の心の呪縛状況を解かない限り、事業主の道で成功するのは不可能と認識しておくことです。

もともと事業主の家庭で育った人ならば、長時間労働も休日労働も苦にならないものですが、サラリーマン家庭の出身の人は、人が休んでいる時に自分だけ働くということに対して、強い抵抗感があるものです。本人はそうでなくとも、奥さんや子供は耐えられない場合が多いのです。

私の知人で大企業のサラリーマンを辞めて、自宅を事務所にしてコンサルタント業を始めた人がいます。奥さんは独立することに最後まで反対だったこともあって、開業しても奥さんは一切協力しようとせず、事務所の電話が鳴っても取らないという状況からのスタートでした。

知人はその状況下で、外部とのコミュニケーションは専ら携帯電話とメール通信の手段を用いて対処しました。しかし家庭内がそんなでは、本人の士気も上がりませんし、そのマイナスの雰囲気は外部の人にも伝わっていきます。結局、本人のビジネスは低迷状態を続け、ついに廃業に追い込まれました。

これは家族が事業の本質を理解できないままで独立し、うまくいかないケースの一つです。

それとは逆に、家族が一丸となって年中無休で営業を続け、決して地の利は良くなくても、お客様の口コミを唯一の頼りに長年繁盛を続けているところも全国にはたくさんあります。

私が講演や著作の中でよく紹介している熊本市の「手づくりのレストラン花の木」がそうです。店主の坂本聖治氏は開業以来約50年、元日以外は年中無休の営業を続けています。

私がかつて店の近くの会場で講演した時、開演まで時間があったことから、コーヒーでも飲もうと偶然に入ったのがこの店でした。そこで初めて坂本氏夫妻にお会いし、坂本氏の熱意と奥さんの明るさ、それに年中無休で仕事一筋に打ち込むご夫妻の経営姿勢に感銘した私は、以来，熊本市を訪れるたびに店に立寄るようになりました。

事業主は顧客に対して太陽のような存在であるべきだというのが、私の持論ですが、坂本氏はそうした太陽のごとき存在であると私は考えています。

そのことをもっと詳述してみたいと思います。

太陽は、私たちに対して〝熱〟と〝光〟を与えてくれる存在です。ですから世間はそうした恵みを与えてくれる太陽のような人や会社に親しみを覚えます。

この太陽の恵みのように、事業主は顧客に対して、以下のように二つの恵みを与えるべきです。


第一は〝熱意〟です。

常に物事を前向きに受け止め、どんな事態が起きても、それを決して悲観的に受け止めないことです。

その前向きな姿勢に接した顧客は「元気が出た」とか「勇気付けられた」と言い、事業主に感謝するものです。

坂本氏も、常に前向きな言葉を口にし、一切悲観的な考え方をしない人です。ですから、店に来た顧客は、同氏に接するたびに、元気や勇気をもらうことができます。そのために、気分が塞いだ時には坂本氏の店に出かけていけば、気分が好転し、足が軽くなったような気持ちで帰路に就くことになるのです。

第二は、〝光〟です。

光は相手を照らします。その結果、相手をクローズアップさせます。ちょうど、舞台で演技する役者に照明の光を当てると、役者の存在を際立たせるのと同じように、相手の存在に注目し、その言動や仕事ぶりを讃えることを指します。

成功している事業主は、顧客の独自の存在価値に光を当て、相手を称賛し、激励し、感謝の言葉を降り注ぐのです。肯定的な表現を用いながら、相手を高く評価すると言ってもいいでしょう。坂本氏夫妻は、二人とも明るい人柄です。しかも相手の美点を凝視し、その存在価値を認め、心から称賛し、高い評価の言葉を多発します。

どんな人も他人から認められ、称賛の言葉を浴びせられると、嬉しい気持ちを抱きます。

坂本氏夫妻は、顧客の美点を称賛する良い習慣の持ち主です。そうした言葉に接した顧客の中には、お礼に便りを送ってくる人もいます。その顧客からの便りを、坂本氏夫妻はファイルに保管しています。

また坂本氏夫妻は花が大好きなため、店の前には花壇があり、様々な花が咲き乱れています。それを知る顧客の中には自分の描いた花の絵や写真を店に届ける人もいます。

その花の絵や写真は、店に飾られているため、店の壁は花の額で満ち満ちています。それは、事業主と顧客の心温まる人間関係が坂本氏の店の土台になっていることを意味しているのです。顧客との関係はこうありたいものです。

第5章

老舗が守り続けてきた商人道こそ真っ当な日本人の生き方

第1節　日本の素晴らしい伝統を評価しないマスコミの姿勢

石田梅岩の著書は二つあり、一つは『都鄙問答』であり、もう一つが『倹約斉家論』であることは先述しました。この後者の著書はタイトルの通り、倹約を貫くことが一家を整えるという人間生活の基本を説いたものです。

『都鄙問答』と『倹約斉家論』は織物の経糸と横糸の関係に似ており、前者が理論編なら、後者は実践編とも言えるのです。したがって、当時の京都・大坂の商人たちは、この『倹約斉家論』を自分たちの生き方の基本として信奉し、その姿勢を今日に至るまで遵守してきました。

その証拠に当時から数えて200～300年も続いている老舗の家訓には、『倹約斉家論』に示されている商人道が見事に活かされています。

私が講演の中でよく紹介する「200年以上の老舗　世界ランキング」（韓国の中央銀行にあたる韓国銀行が2008年にまとめた報告書）があります。それによれば、世界で200年以上続いている老舗は5586社あり、その中の56％の3146社は日本にあるのです。日本は圧倒的な世界ナンバーワンの老舗大国なのです。これはまさしく日本人が世界に向かって誇るべき事実です。

ところが、この事実を知らない日本人が圧倒的に多いのです。拙著『百年以上続いている会社はどこが違うのか？』（致知出版社）で、このことを紹介したところ、読者から「初めて知った」という声が数多く届きました。中には「ほんとですか？」という疑問視する声も伝わってきました。


つまり、それほど日本人の多くは、わが国の老舗の存在に無関心なのです。これは老舗の素晴らしい存在価値を学校で教えないからです。その教えない理由は、終戦直後、日本に進駐したアメリカ占領軍が行った戦前の教育を全面否定する教育改革が、今日までほとんど手直しすることなく続いている結果だと思います。

マスコミも、この占領政策の修正すべきことを無視してきたこともあり、戦後の日本人は、江戸時代から続く日本の文化を正しく理解する機会に恵まれることなく今日に至っているのです。

しかし、やっと近年になって、インターネットの急速な普及により、ホームページ、フェイスブック、ツイッター、ユーチューブなどを通じて、日本の過去から現在に至るまでの真の姿が、マスコミを飛び越えて国民の側に伝わるようになってきました。

例えば、外交評論家の加瀬英明氏はご自身のメールマガジンで独自の見解を発表していますが、2017年4月4日付では「現憲法は、日本古来の家族の美風を破壊している」と題して、次のような情報を提供しています。

「現行の日本国憲法は、読めば読むほど、おかしい。

家族が社会と国家をつくっている、もっとも基本的な単位であることは、誰も異論がないと思う。

「いや、そんなことはありません。夫婦が社会のもっとも基本的な単位ですよ」と、誰かが反論したとすれば、読者は「夫婦のほうが家族よりも、大切なんですか?」といって、その人物を奇異な目で見るにちがいない。

私たち日本人は2000年以上も、家族を何よりも大切にしてきた。夫婦は家族の一部だった。

だが、日本国憲法では第24条が家族について、次のように規定している。この他に現憲法に、家族を取りあげている条項はない。

「第24条［家族生活における個人の尊厳と両性の平等］

①婚姻は、両性の合意のみに基いて成立し、夫婦が同等の権利を有することを基本として、相互の協力により、維持されなければならない。

②配偶者の選択、財産権、相続、住居の選定、離婚並びに婚姻及び家族に関するその他の事項に関しては、法律は、個人の尊厳と両性の本質的平等に立脚して、制定されなければならない。」

この条項は、「家族生活における個人の尊厳と両性の平等」と、題されている。睦あう家族のあいだで、「個人の尊厳」が求められるというのは、寒々しい。日本の家族の姿になじまない。

「婚姻は、両性の合意のみに基いて成立」すると定めているが、親や兄弟の意見を求める必要がいないと、説いている。「両性の合意のみに基いて」と述べているが、「両性の合意」のあとに「のみ」が入っているのは、祖父母、親兄弟が、孫、子、兄弟姉妹の婚姻について、干渉してはならないとしか読めない。

この条項は、日本古来の伝統となってきた美風である家族制度を、破壊するものである。アメリカは日本兵が南や北の海の孤島において玉砕するまで、勇敢に戦ったのが、愛国心と家族愛から発していたことに震えあがって、日本人を家族から切り離して、個人主義を植えつけようとはかった（中略）

②では、何とおぞましいことに、「離婚並びに婚姻」といって、離婚が結婚よりも先にでてくる。こんな憲法は一日も早く捨てよう」。

この加瀬氏の提言を、日本の大手の新聞はまず取り上げないでしょう。なぜなら、日本の新聞は、終戦直後から講和条約が発効される1952年4月28日まで、アメリカ占領軍のプレスコード（報道に対する言論禁止政策）の支配下にあったために、連合国の批判や在日米軍の不祥事、そして日本の伝統を高く評価することなどは、一切、報道が禁じられたことから、今になっても、その時の報道姿勢が温存されていると言えるからです。

このことを詳しく調べて論じたのが作家・江藤淳著の『閉ざされた言論空間　占領軍の検閲と戦後日本』（文春文庫）です。江藤氏はその中で「伝統的な価値体系を破壊する作用が、おそらく依然として続いていくであろう」といった趣旨のことを述べていますが、まさにその通りの状態になっています。

このマスコミの姿勢について、ＳＮＳの情報によって気付いた人たちは、今、マスコミが提供する偏向した報道を鵜呑みにしなくなってきています。

この傾向はますます強まっていくでしょう。そうなれば、日本の伝統的な考え方や良い習慣への再評価が始まります。その一つが、商人道を唱えた石田梅岩の残した著作やその影響を受けて商人道の振興に努めた手島堵庵をはじめ石門心学の発展に寄与した人たちへの積極的な評価です。

これから述べる江戸時代の商人が生きる基本として重視した梅岩の『倹約斉家論』で語られている道徳律もそうです。

商人道を志した人たちは、『倹約斉家論』で採り上げられた道徳律を、日々の生活で実践していったのです。

そこで、この章では、その道徳律の重要な四つを以下に紹介していきます。

第2節　「親孝行」は商人道を支え、家庭を支える基本の道徳律

前節の加瀬氏の指摘にもあるように、我が国は本来、家族主義を基本とする国です。特に商売で身を立てるには、家庭がしっかりしていなければ、何事もうまくいきません。それは昔も今も永遠に変わらない我が国の鉄則です。

サラリーマンが独立する場合も、家庭をベースにして行うのが普通ですが、その場合、家族が一致協力してこそ、事業はうまく展開していくものです。そのことについては先に述べた通りです。

家庭は、この世における最も小さな組織です。組織にはどんなに小さなものでも、そこ

に秩序が必要です。会社の場合で言えば、社長をトップとするヒエラルキー（ピラミット型の組織構造）になっているように、家庭の場合は、父親がトップでそれを支えるのが家族という構図が本来の姿です。

戦前の民法では父親を戸主（家長）と称しました。戸主の言動に対し、家族はそれに従うのが当たり前でした。そういう組織が最も強力だからです。

現在の日本は、新しい民法の下で、戸主制度が廃止されたことにより、家族は全員平等な権利を有しており、父親の独断専行は許されなくなりました。そのために家族内で意見が対立し、家族間で紛争が起きる確率が高くなりました。

ところが、長い歴史を誇る老舗をはじめ、今も家風として家長制度を残して、父親の権威を大切に保持しているところが多くあります。そういうところは「親孝行」の道徳律が今もしっかりと根付いているものです。

その事例を私の家庭で見ていきましょう。

実は、私が日経を途中で退社し独立することができた背景には、家内が商家の生まれで、結婚以来、私を家長として位置付ける家風を確立してくれ、併せて子どもたちに「親孝行」の習慣を厳しく躾けてくれたことにあります。

私が育った田中家も父が軍人であり、しかも九州男児でしたから、父はまさに亭主関白であり、家庭のボスとして君臨していました。

そんな家風に馴染んでいた私は、家内と家庭を持った時、父の姿勢をそのまま引き継ぎました。家内もそれを当然と受け止め、例えば家庭の食事では、いつも私が最初に箸を持つのが習慣で、家族は今もそれを当然としています。父親の私に対して、起床・食事・外出・帰宅・就寝の際には、必ず挨拶をきちんとすることがしきたりになっています。

この家風のおかげで、私が日経を辞めると決断した時、家内も子供たちも、私の後に素直についてきてくれました。そして独立後、しばらく収入が半減した時も、文句も言わず、それにじっと耐えてくれました。

それだけに私は、少しでも早く家族を安心させたいと必死に頑張りました。それこそ人の二倍は働きました。家長という立場は、そうした責任感を強く抱き、家族の先頭に立って、あらゆる困難に立ち向かう立場にあるものなのです。

したがって親孝行についても、私があるべき姿を家族に示してきました。家内は高校時代に父を亡くし母一人娘一人の家庭の状態にありましたから、私は義母をいつまでも一人で暮らさせるのは親不孝に通じると考え、結婚五年目には義母を郷里から呼び寄せて、以後、91歳で亡くなるまで一緒に暮らしました。

一方、私の両親への配慮は、妹が実家の近くに嫁いだこともあり、妹に両親を任せる感じになりましたがその代わり、結婚以来、両親には盆暮れに現金を届けることにし、両親の家計の補助に役立つようにしたことから、わが家の家計はいつも火の車でした。それでも家内は私の親孝行を認めてくれました。

当時、私がいつかは郷里の近くに転勤になることを父が望んでいると感じていましたので、そうできない父への申し訳なさを、盆暮れの付け届けに込めていたのです。家内もその気持ちを汲んでくれたのです。

そして私が日経に勤務していた時も、親孝行を第一にしてきました。例えば、父が入院加療で大量の輸血が必要となり、当時はその分の血液手帳があれば対応できたことから、職場に支援を呼びかけて血液手帳をたくさん預かり、父のもとへ駆けつけました。おかげで父の手術は無事に終わり、安堵したものです。

また母に肝臓がんが見つかり、手術は無理なステージまで進行していると分かった時、私は担当医師と相談し、すぐに東京の病院に母を移送し、私たち家族で最期まで面倒を見ることにしました。

そこで病人を寝台のままで、医師と看護師が付き添う特別仕立ての患者移送車の運営を専門にしている会社に頼んで、母を郷里の福岡県大牟田から東京まで移送しました。その際、家内も同乗して、母を不安にさせないようにしました。

父は83歳で、母は85歳で亡くなりましたが、その際の葬儀は、当然のことですが私が執り行い、遺産相続の手配も姉や妹に対して滞りなく行いました。

父は戦後、引揚者として、しかも公職追放の憂き目にあい、講和条約成立までの約７年間は、行商をしながら家族を養ってくれました。しかも私の東京への大学進学を許してくれ、その生活も支えてくれました。

その父の恩情に対して、私は満足に応えることができずに終わったのではないかと今でも思っています。

そのこともあって、両親の墓参りは、家内と共にできるだけ毎月行うように心がけ、仏壇へのお祈りは、当然ながら毎朝欠かさないようにしています。

私共夫婦のこうした態度は、そのまま子どもたちへの親孝行教育になっていったようです。二人の子どもは共に親孝行で、その点では私ども夫婦は恵まれていると思っています。どこの家庭もそうですが、親は子どもの教育には熱心です。我が家も生活は質素に徹せざるを得ませんでしたが、子どもへの教育には思い切って投資しました。家内は読み聞かせに良いとの評判の絵本を用いて、毎晩、子供たちに絵本を読んで聞かせていました。そのおかげで、2人の子は共に読書好きになり、今では我が家は本で溢れる家庭になりました。

私の父は行商で疲れている時でも、私が学校でいい成績を取って帰ると、そのことを喜び、疲れも吹っ飛ぶようでした。その姿を見た私は、私ができる親孝行は勉強に励んで成績を上げていくことしかないと思い、その思いを貫いて、中学卒業までは常に学年一番の成績を維持していきました。

私が日経を辞めて収入が減ってしまった時、子どもたちは私の苦労を察して、少しでも私を喜ばせようと親孝行として仕事を手伝ってくれ、一方で学校の成績ランキングをどんどん上げていってくれました。子どもたちも、私が父を喜ばせようと勉学に打ち込んだことと全く同じことをしてくれたのです。

その後、娘は上野学園音大の付属中学・高校・大学を経て、オランダの音楽院に7年間留学し、教授ディプロマと演奏家ディプロマを取得。その後イタリアに25年在住し、ヨーロッパ域内と日本を往き来しながら、音楽家として、そして音楽教育者として活躍しています。

息子も東大法学部卒業後、大学院博士課程を経てドイツに留学し、現在は国立大学教授の法学者として大学・大学院における研究と教育に当たっています。

この子どもたちの活躍を通して、私は親孝行の道徳律を遵守することが、一家の安寧をもたらす最大の決め手であると信じています。

第3節　倹約を心がける習慣を実践していこう

『倹約斉家論』を解説した森田芳雄氏の著書『倹約斉家論のすすめ』（河出書房新社）は今から26年前の１９９１年に出たものですが、私はこの本は今こそ多くの人々に読まれるべきものだと考えています。

森田氏は、この書の最後に次の一文を著し、『倹約斉家論』の今日的意義を論じています。少々長い引用になりますが、この一文を通して、倹約の重要性を再認識し、倹約の道を歩んでいきたいものです。

「『倹約斉家論』は、石田勘米梅岩の生涯理念と意欲を凝縮、宣揚したものである。一言でこれを言いつくせば〈窮極の倹約による生活指針〉である。彼はその気ではなかったろうが、この書は名実ともに彼の遺書となった。果たせるかな、寛政、天保、明治、大正、昭和の苦悩時代に、人心振興、行財政改革の陰の経典となった。そればかりではない。平成維新の今日、その〈便りともならんかと書き散らし〉（斉家論序）に遺された遺書とも受けとれる。『都鄙問答』が、労力と日数、紙数を多く費やして経典らしい内容をととのえているのに比べると、これは軽薄短小である。『都鄙問答』が、一見して正なら副のような体裁にみえる。だがそれは誤りで、『都鄙問答』に述べつくせなかった、もっとも大切な高い次元の倹約論に力点をおいて、一家を斉（ととの）えるという人間生活の基本を論じたものである。したがって、彼の思想の窮極の境地を示したものといえる。『都鄙問答』がハード部門ならこれはソフト部門として、石門心学にとって最高権威の経典である。

産業革命以来、高度に成長してきた現代社会において、単に消費の節約を主張することは誤解を生じやすい。ことに第二次大戦以後、いわゆる先進諸国の間では、生産拡大、多量消費の風潮と構図が急速かつ節度を越えて、行きすぎてきた。そんな機構のなかでは、捨てるように無駄使いする方が需要を増進して、経済活動を刺激し、繁栄がもたらされるという論理がまかり通るのも無理はない。

だが、五〇〇〇年の過去と悠久の未来を持つ人類歴史の流れのなかで、それはたかだかここ三〇～四〇年の一過性の幻想にすぎない。本質を見失った無駄、意味の無い消費主義

は、資源の食い潰しと環境破壊、果ては人類滅亡への道を早める元凶である。（中略）
ごみの再利用、無駄の効用、活力の循環、能率の向上などは、倹約の表面的課題にとりあげやすい。だが、二一世紀を迎える我々が、とくに発想を新たにしなければならないのは、梅岩が高唱した〈究極の倹約〉〈本ものの倹約〉である。本質、表面の両方が相整って真の全うされる時、真の幸福がかなえられるのである。倹約、そして勤勉、貯蓄は繁栄の基、贅沢は不義と貧乏の始まりである。

暮らしの知恵としての勤勉や倹約については、梅岩でなくとも、当時の多くの為政者・思想家たちが説いている。ことに、鎖国体制で現状維持を第一とした時代であっただけに、その傾向は強い。だが、梅岩の倹約論は、必ずしもそんな現状乗り切りの便法のみではなかった。単なる貧困、不況対策の哲学でもなかった。時代の今昔、国や民族のへだたりを越えて、経済の好・不況にかかわりなく、人間最小単位の生計、すなわち斉家のための基本条件としての倹約を説いた。それは人道の大本、幸福の源泉となる。倹約と対置する奢侈の根底にある貪欲を除いて、正直・正義を追求する至誠・至純の〈心〉を大切にすることであった。そこに、人間が幸せに生きて行くための義務と権利の原点を提起し、後世の理論展開を求めている。言い換えれば、道義的、経済的合理主義の上に立った幅広いヒューマニズムによる暮らしの道しるべを掲げている。しかも、いくつかの問題点に先見性溢れる思索と実行の跡をとどめており、心ある後生の探求を待っている。

今や梅岩学習の枝葉末節のみに終始すべきではない時世である。梅岩の教えに関心を寄せ、これを信奉する者は、彼がいましめた〈文字芸者〉に終わってはならない。国内的にも国際的にも、すべては基本的倫理観の欠落によって生じた難問が渦巻いている。いたわり、思いやり、ありべかかりの〈本心〉がなければ、どんな妙案、奇策、学説も醜骸をさらして空しく風化することをしかと心すべきである。

何度目かになるが、また、梅岩理論の出番が来た。『倹約斉家論』は現代のような時節のために書き置かれた本である。分かりやすく、ためになる〈勘平の遺書〉である。そこには耐乏、忍苦のみを強いてはいない。現世主義、享楽主義に対する沈静剤として軽快で重宝な倫理的、速効的理論が盛られている。貧困・不平の克服、脱却も、富裕に対する節度設定の途も教えている。秩序ある繁栄増進と、凋落の歯止めについて戒告している。そして物、心ともに豊かさとゆとりある生活設計の青写真が繰り拡げられている。

重ねて言う。現代人にとって、恐らく『倹約斉家論』という書名は野暮くさいであろう。だが、あらゆる人々にとって、誤りのない重宝な暮らしの道しるべを述べている。もの事の本質、節度、調和のとれた仕上がりを論じている。勇気をかりたて、成果を保証してくれる。真の幸福を鮮明に指摘している。それは短くてやさしい読みもので、そこに不滅の宝石がちりばめられている。それを自分のものにするかしないかは読者各人の課題である。梅岩はこの書の終わりを次の語句で結んでいる。〈(心静かに読んで)退いて工夫あるべし〉と」

この森田氏の解説文にもあるように、倹約の道徳律は、本来、あらゆるものに先駆けて行うべき人間の営みなのです。倹約は道徳律の機関車に相当します。

2005年2月に来日したノーベル平和賞を受賞した当時のケニア環境副大臣であった故ワンガリ・マータイ女史（1940〜2011年）は、「もったいない」という言葉に感銘し、その時の小泉首相との会談で「この言葉を世界に広げましょう」ということになり、女史は早速、翌月の国連女性地位委員会において出席者全員と「もったいない」を唱和し、そこから女史の「MOTTAINAI」キャンペーンが展開されていきました。

その後、我が国でも「もったいない」キャンペーンが各界で様々な形で始まり、以後今日まで、その運動は全国で静かに定着しています。

このことは、日本人の心の奥底に倹約の精神が根付いており、自然や物を大切にする本来の気持ちがいまだに息づいていることを物語っています。

「もったいない」は倹約の精神から由来したもので、決して「けち」（吝嗇）とは異なるものです。物に感謝し、物を大切にする本来の日本人が抱く心根からきたものです。この日本人の倹約の精神に感動したマータイ女史は、「もったいない」は従来の3R（reduse＝節約・reuse＝再使用・recycle＝再生）にrespect＝尊敬を加えた4Rの概念であるとし、日本人の倹約精神を高く評価しています。

今や世界的に大量生産・大量消費の使い捨ての習慣に対する反省と是正の機運が生じています。倹約の道徳律が、日本を発信源として、今後は次第に世界的に広がっていくことでしょうし、いくべきです。その機運を高めていくためにも、私たち日本人は先頭に立って、倹約の生活を実践していきたいものです。

そのように倹約の生活を重ねることで、「正直」の道徳律が次第に身に付くことにもなるのです。そのことについては、次節で述べることにします。

第4節　正直に徹することが、安心・安全な人生を生きる最も確かな道

前節の最後で、倹約を重ねることで、正直の道徳律が身につくと述べました。これは、倹約の精神や行為が身に付くと、我欲が少なくなって、物事を素直に受け止めることがで

きるようになり、その結果、相手を大切にし、自分にも正直な心と行為が身に付くことを意味していています。梅岩は「実の商人は、先も立ち、我も立つことを思うなり」と語っていますが、その思いの根底には正直の心が横たわっているのです。

また梅岩は、私たち人間には名誉欲・利欲・色欲という3つの欲があり、この欲を放置すると、正直な心や行為から遠ざかることになり、挙句の果てに、間違った生き方を選ぶことになると示唆しています。

確かに自分の欲望のままに生きていると、正直に自分と向かい合うことよりも、他人の目を強く意識し、見栄を張り、格好をつけるような生き方をするようになります。

その結果、自分を正しく活かす道を選ぶのではなく、世間体を気にして、格好よく生きることに意識が傾いて、実際の自分よりも背伸びするために、時には嘘をついたり、誤魔化したり、気が付くと自分が本来望んだ道とは全く違った人生を選んでしまうものです。

その反対に、倹約の精神を身に付け、我欲を抑えて正直に生きることを心がけている人は、見栄や格好にとらわれず、自分の心に沿った生き方ができます。そうした人は正直な人、真面目な人柄の持ち主として、周りの人たちからも慕われ、支援を受けて、心安らかな人生を送ることができます。

日本の働く人の88％は広義のサラリーマン（被雇用者）です。サラリーマン社会では、相手の学歴や肩書きや勤め先のブランドが問われるものです。そのためにサラリーマンになる人は、少しでも世間体のいい大学への進学を目指し、卒業後はブランド力のある一流の勤め先に就職することに懸命になるものです。

そうなると、自分が本来潜在的に持っている素質や個性や得手を活かすことができないままに、人生を歩んでいくことが多くなります。それに早く気付き、途中で自分の好きな職業を選び直す人も稀にはいますが、多くはそのまま人生を重ねていくことになります。

今までのサラリーマンでしたら、それでも定年までなんとか勤め上げれば、あとは10年足らずの余生を年金や貯金で過ごし、人生を全うできましたが、これから先のサラリーマンはそうはいかなくなります。

定年前にリストラされたり、定年後は年々減っていく年金だけに頼れなくなり、しかも90歳まで生きるのが当たり前となり、１００歳まで生きる可能性に満ちた超長寿時代を迎えるとなれば、老後は不安になるばかりです。

熊本市で「１００歳まで働く時代がやってきた」と題する私の講演を聴いた若いサラリーマンの方から、講演後、こう言われました。

「100歳まで働くことを提言されましたが、私たちの寿命がそんなに長くなるとは思えませんし、ましてや100歳まで働くことなどできないと私は思います。ですから定年まで働けばもう十分ではないでしょうか」

そこで私は、こう答えました。

「人生100年は今や常識になっています。そのことを知っていただくために、『2050年衝撃の未来予想』（TAC出版）を読んでみてください。そこにはこれからの時代の大きな変革が描かれており、2050年には『90代でも若造の時代になる』と書いてあります。どうか、もっとロングランで時代をみて、来るべき時代に備えてくださるよう、お願いします」

私は「人生100年」を独立した1979年から唱え続けています。

その話を早く聴いたサラリーマンで、50代の時に早期退職制度ができたのを機会に会社を退職し、地元の公共職業訓練所で造園土木施工の技術を身につけた人がいます。

6か月の訓練を終了したその人は、造園業の会社に見習いで勤め、そこで腕を磨いた後に独立し、今では都市郊外に広がる庭付き個人住宅の庭園管理を引き受け、75歳の今日も100軒近いお得意様を抱えて、現役の庭師として活躍しています。

この人は、人生100年を見すえ、好きな庭園管理の技術を磨き、人生の後半を植木職人として、雨の日を除いて年中無休で活き活きと働いているのです。

こうした事実を知っている私は、最近の講演会では、サラリーマンを終えた後は、職人として自分の好きな分野で得手を活かして生きるのも素晴らしい生き方ですと、心を込めて提言しています。

ところが、この「職人」という職業に抵抗を覚えるサラリーマンの奥様族が多いのです。

私は学校の父母会での講演会で、「これからの時代は得意機能相互活用社会になることから、サラリーマンの人は在職中に余暇を活用して得手を磨いておき、将来、庭いじりの好きな方は庭師に、電気器具を扱うことの好きな方は電気工事士に、料理の好きな人は調理師に、といった具合に、職人になりませんか。サラリーマンから職人という時代がやってきています」と話しますと、多くの奥様から不評を買います。「うちの主人が職人に?とんでもない」といった感覚のようなのです。

つまり、世のサラリーマン族の奥様たちは、職人を差別する職業観をお持ちのようです。

こうした奥様と生活している夫のサラリーマンの方は、自分では将来は職人になって好きな仕事をやってみたいと思っていても、それを言い出せないで、定年間近になっても、そのための準備に踏み出せないでいるのです。

一方、夫婦共々、正直な人ほど、素直に自分の心に従って、勤め先で自分の好きな仕事に従事できなくても、勤務の前後の時間や土日・祝日の休日を有効活用して、得手を磨き、定年後、その得手を発揮して独立自営の人生を堂々と歩みたいと夢を抱きながら、将来に備えている人がいます。

独立事業支援誌『アントレ』（リクルート）の創刊時からの読者である私は、記事の中で中高年のサラリーマンが独立して成功されたケースを読むのを楽しみにしています。2017年春号の特集「プロになる！　会社員から独立へ」で紹介されている石原真一郎氏の例もそうでした。

石原氏は大手総合商社に勤めていましたが、2000年、50歳の時、早期退職制度を利用して、コイン集めの趣味を活かしてネットショップによる通販会社㈲アイコインズを設立して独立、以後、正直商法に徹して地道にビジネスを展開し、2016年には、年商8000万円を達成、出口治明氏の著書『50代からの出直し大作戦』（講談社＋α新書）にも取り上げられました。

商売は、好きな仕事で、正直に、地道に、こつこつと続けていくことが大切であると、石原氏の事例からも学ぶことができます。

サラリーマンが独立して個人事業を立ち上げる場合、大きくすることよりも長く続けることを第一義とすべきです。その際の道徳律は倹約と正直、この2つは裏表の関係であることを認識し、それに徹する生き方を目指すべきです。

第5節 勤勉な生活に徹すれば、どんな世の中でも生きていける

ＩＴ社会が到来し、人々の関心は、「楽して儲ける」ことに集まっています。またマスコミも、心身共に苦労しないで、能率よく、格好よく、簡単に稼ぐ方法を盛んに紹介しています。

そうした風潮が高まれば、一つのことに打ち込んで、地道に、こつこつ努力していくことを敬遠する人が増えるのは当然です。

その証拠に、泥まみれになりながら、汗水流して、黙々と作業を続ける仕事に今の若者は就こうとしません。今や、そうした仕事は、外国人労働者に頼らざるを得なくなりつつあるのが日本の現状です。

したがって、「勤勉」という言葉に対して、人々は好感を抱かなくなりつつあります。

長時間労働が嫌われるわけです。決まった時間帯の中で、手際よく仕事をこなした後は、仕事から解放されて自由に生きていくことが、今の若者に限らず、サラリーマン全体の理想の生き方になっています。

まだまだ多くのサラリーマンは、将来、自分がリストラや定年で会社を辞めた時のことを真剣に考えておらず、そのための準備をしていません。ですから突然退職勧告の通知を受けると動揺し、どうしたらいいのか戸惑うのが多くのサラリーマンの実態です。

私は独立してから、サラリーマンの「生きる力」が事業主の人に比べると、非常に甘いことを知りました。勤め先に頼った生き方をしているとそうなるのは仕方がないのかもしれませんが……。

今、日本のサラリーマンに最も求められているのは、生きる力を強くすることです。どんな環境でも、自分の力で生きていく力を身につけておかないと、迫りくる激動の21世紀の後半を生き抜くことは難しくなるからです。

人が難局を乗り切る際に決め手となるのは、普段の生活で培った良い習慣です。すなわち生きていくための基本である道徳律の実践です。

それは、これまで述べてきた親孝行・倹約・正直に加えて、勤勉と感謝の生き方を身に付けることと言い換えてもいいでしょう。

私の講演は、言ってみれば、その生き方を早く身につけることを訴えているものです。私の提言は、本来ならば家庭や学校の教育で行うべきことなのですが、戦後の家庭や学校では、それが軽視されるか等閑視されてきました。その戦後の長年の弊害が、今日の日本人の生きる力の低下につながっているのです。

最近、特に感じるのですが、私の講演を聴く人たちの態度に、年々、真剣味が乏しくなってきています。親孝行・倹約・正直・勤勉・感謝の生き方に対する感度が鈍くなっていることがその要因です。

戦後も時代が下るにしたがって、ますます家庭で子どもを躾ける教育、すなわち道徳律を身に付ける習慣が乏しくなっています。ですから、私の話を心で受け止める感覚が身に付いていないのです。道徳律に対する感受性が弱いと、道徳に関する話が単なる知識となるだけで、自分の行動や考え方の習慣に組み込まれないのです。

その一つが、「勤勉」に対してマイナスのイメージを抱くことです。

幾度も繰り返しますが、私たちの生きる目的は、「生涯、自分の得手を磨き、世のため人のために、死ぬまで懸命に働くこと」です。この「懸命に働く」ということが「勤勉」

を意味します。

それが分かれば、「勤勉」は人間の生きる目的そのものと言っていいでしょう。私たちは勤勉に働くために生まれ、そのように生きなければならないのです。決して娯楽や余暇を楽しむために自由気ままに生きているのではありません。この根元的なことを無視して、人生を幸せに生きることを望むのは無理なのです。

そのことを明確にした調査が２つあります。

一つは、２０１６年5月に東京大学社会科学研究所の研究チームが４５００人を対象に中学時代の行動に関するアンケート調査を行った結果、勤勉性・真面目さ、忍耐力を示す内容で4段階による自己調査の結果、平均年間所得で、最高のグループが最低のグループの所得を大きく上回り、その差は勤勉性で65万円、真面目さで73万円、忍耐力で75万円となり、女性より男性のほうの所得差が大きく、真面目さでの差は１９８万円にも上ったのです。

真面目に、こつこつと辛抱強く、勤勉に働くことが、年収の面で長い間に大きな差がつくことが分かったのです。

２つは、１９２１年、アメリカのスタンフォード大学のルイス・ターマン教授が当時、

10歳前後の児童1528人を対象に性格を分析し、その後どのような人生を歩んでいくのか、5~10年おきに全員にインタビューを行う形式で研究を開始しました。ターマン教授の死後は、カルフォルニア大学のハワード・S・フリードマン教授とレスリー・R・マーティン博士がその調査を引き継ぎ、追跡調査を継続していきました。

そして調査開始から80年後に、2人の教授は、その結果を『THE LONGEVITY PROJECT』という著書で公表しました。この書では、人が長く健康で、経済的にも豊かな生活をおくるには、どういう性格が求められるのかという研究結果がまとめられています。

この調査で判明した「長寿で心身ともに恵まれた生き方ができる性格」とは、「勤勉性」(conscientious)の言葉で象徴されるというものでした。つまり勤勉な性格を身に付けることが、人生で最も有効な生き方であることが示されたのです。

何しろ1500人を超える人々に対する80年間にわたる追跡調査の結果ですから、この結論には説得力があります。先の東大社会科学研究所の調査とも符合します。

この2つの調査から分かるように、勤勉な生き方は洋の東西を問わず、人として最も大切なことなのです。それは私の81年間の生涯を通じても、間違いないと断言できます。学生時代の同期の友人たち・日経時代の20年間に付き合った先輩・同僚・後輩たち、独立して38年間に出会った数多くの人々のことを思い出してみると、確かに勤勉性に富んだ人のほうが、長生きし、心身共に豊かな人生を享受しています。

その反対に、楽して儲けようとした人は、一時的にはそれなりにいい人生を送っているように見えたものです。ところが、それが最後まで続いた人はいないのです。バブル経済が弾けた途端に、そういう人は仕事上でも、家庭生活上でも大きな挫折を経験しています。どうしてそうなっていくのでしょうか。その最大の原因は、楽して儲かる仕事をしていると次第に驕りの性格が形成されていくからだと思います。

「驕る平家は久しからず」（思い上がった振る舞いをする者は長く栄えず、いずれ滅びるという意）の諺にあるように、驕りの生き方は、いつの日か転落の人生につながっていくのです。どんな時代においても、勤勉に勝る生き方はないことを歴史は証明していると、明確に断言しても過言ではないのです。

第6節　道徳律を大切にする人は感謝の念が厚い

私は、１９６９年、『日経ビジネス』の創刊時、販売方式を直販体制で臨むに当たって、当時、月刊誌『ＰＨＰ』を直販で１００万部販売していたＰＨＰ研究所を訪ねて、教えを請うことにしました。

幸いにＰＨＰ側も日経マグロウヒル社の動向に関心を寄せていたこともあり、京都駅前にある同社を訪れた私を温かく迎えてくれました。

まず社内を案内してもらうことになり、創設者松下幸之助氏が設けた立派な「根源の社《やしろ》」の前にたたずみました。幸之助氏はＰＨＰに来社されると、最初に「根源の社」に神式でお参りになるとのことでした。幸之助氏は神仏への信仰が大変厚いことを、その時に初めて知ったのです。

以来、私は松下幸之助氏の生き方をもっと学びたいという気持ちが強くなり、氏の著作を貪るように読みました。そしてビジネスの成功と神仏への厚い信仰は深い関係があることを悟ったのです。

幸之助氏は、１９８９年4月、94歳で逝去されましたが、それ以後も数多くの松下幸之助関連の書籍・雑誌が刊行されて今日に至っています。氏の人気のすごさがうかがい知れるというものです。

その一つである紀要『論叢　松下幸之助』は、２００４年4月に第1号が発刊されましたが、２号目の２００４年10月号に「南無根源！～松下幸之助の宗教観」と題する論文が掲載されました。著者は当時のＰＨＰ総合研究所第一部研究本部顧問の谷口全平氏です。

この論文の中に、「根源の社」建設の由来が次のように記されています。

「昭和36年８月、松下は松下電器産業の社長を辞し会長に就任したのを機に、会社再建のためしばらくおろそかになっていたＰＨＰの研究を再開するため、京都東山山麓に真々庵を設けた。真々庵の名称は真理を探究する場という意味でつけられたが、その庭の一角に翌37年、『根源の社』を建設している。

根源とは文字通り宇宙の根源であり、万物の創造主と言っていい。光雲荘（＝松下の西宮の自宅・筆者注）に祀った天祖大神と同じ趣旨のものである。松下も『最初は天祖大神と言うたけれど大神と言うことはいかん、やっぱりＰＨＰ研究の考え方でやらないかんということで根源ということになった』と語っている。

『根源の社』は昭和42年、ＰＨＰの新ビルが京都駅前にできたときにも建設されているし、同56年、松下電器の本社の前に『創業の森』がつくられたときに、その一角にも建立され、現在その三つが存在している。

創業の森の『根源の社』の前には、その設立趣旨が次のように簡潔に記されている。

『宇宙根源の力は、万物を存在せしめ、それらが生成発展する源泉となるものであります。

その力は、自然の理法として、私どもお互いの体にも脈々として働き、一木一草のなかにまで、生き生きとみちあふれています。私どもは、この偉大な根源の力が宇宙に存在し、それが自然の理法を通じて、万物に生成発展の働きをしていることを会得し、これに深い感謝と祈念のまことをささげなければなりません。

その会得と感謝のために、ここに根源の社を設立し、素直な祈念のなかから、人間としての正しい自覚を持ち、それぞれのなすべき道を、力強く歩むことを誓いたいと思います』（中略）

松下は何を祈っているのかと問われて、『感謝と素直』だと言っていた。感謝については、根源の力によってみずからが活かされていることを強く感じていたからであろう。素直については、人間というものは、ともすると本能や感情、あるいは過去の体験などさまざまなことにとらわれて、自然の理を見失いがちである。だから、何にもとらわれない素直な心で理に従っているかどうかを自省していると言うのであった」

以上の引用文で理解できるように、松下幸之助氏は、大宇宙・大自然の根源の力に感謝の念を抱き、素直な心にしたがっているかを自省していたのです。

この幸之助氏の思考は、梅岩の「性を知る」（＝本心を知る）つまり素直な心に戻ることを教えた思想に通じるものです。心が素直になれば、自分が祖先のおかげで今日があることへの感謝の気持ちが湧いてくるのです。

先祖から受け継がれてきた徳に気付き、それに感謝する気持ちが強くなれば、遺伝子にスイッチが入り、自分の可能性が最大限に引き出されると説くのが、公認会計士の天明茂氏です。

天明氏は家系を遡《さかのぼ》り、自分に受け継がれている徳を発見し継承することが人間性を高める最高の方法であり幸せの源泉であるという観点から、家系分析によって、仕事や家庭生活の問題を解決するという手法で、多くの企業経営者を救ってきたことで知られています。

天明氏は、著書『なぜ、うまくいっている会社の経営者はご先祖を大切にするのか』（致知出版社）で、次のように述べています。

「人は誰でも両親の恩を感じる心、すなわち恩意識が原点にある。『両親に生んでいただいた』『育てていただいた』という恩の自覚は『おかげさま』『ありがとう』という感謝の気持ちに高まる。この恩や感謝の気持ちが大きくなればなるほど、『こんなにしていただいて……少しでもお返ししたい』という『恩返し』の心、いわゆる報恩の心が生まれる。これが社会に出てからの『お役立ち』や『社会貢献』の心に昇華していくと考えられる。

恩の自覚や感謝の芽生えがない人は報恩の心や社会貢献の意識が芽生えにくい。不幸にして両親との縁が薄かったり、寂しい思いが重く心にのしかかっている人ほどこうした傾向があるので注意したい。『自分は頼んで生んでもらったわけではない』『自分一人でやってきた、誰の世話にもならなかった』と思っている人に他人の幸せを考えられるはずがない。

逆に、自分が恵まれなかったからこそ他人には親切に接しようと言う人もある。それは自分が両親の愛を十分に受けられなかったことを恨んだり反発したりせず、客観的な事実として受け止め、受け入れることができた人である。親心に触れ、『自分が今あるのは親・祖先のおかげ』と思えることが人間性の向上につながるのである」

この天明氏の一文にもあるように、両親への感謝の気持ちを神仏に祈る行為に託す習慣のある人は、利他の精神が旺盛で、事業も順調に推移していくものです。ですから私も、これまでの講演や著作で「毎朝、神仏に手を合わせ、両親の笑顔を心に描き、先祖・両親への感謝の言葉を述べた上で、その日の自己目標達成の誓いをしましょう」と訴えてきました。

両親の笑顔を心に描きながら、感謝の言葉を述べることで、祖先から伝わる遺伝子がオンの状態になり、潜在能力が発揮できる可能性が出てきて、そのことを繰り返し行うことで、次第に思わぬ力が発揮されると思うからです。

このことを知って、そのように実践した人は、自分が大きく変わることを実感します。両親をはじめ多くの人への感謝の念が、人生を好転させていくのです。

第6章

商人道に徹し、オンリーワンの存在価値を築いた成功者に学ぶ

第1節　98歳まで現役を貫いた江崎グリコ創業者江崎利一

松下幸之助氏の生涯を描いた本を読むと、江崎グリコの創業者江崎利一氏が登場します。両氏はお互いに深く信頼し合った無二の親友でした。

2人の間柄は、1977年、江崎氏が94歳の時に著した『商道ひとすじの記　わがグリコ・わが人生九十余年』（日本実業出版社）の序文を書いた松下氏の次の一文を読むとよく分かります。

「江崎さんは現在94歳、私よりちょうど一まわり上の同じ午年《うまどし》である。尤も会社の創業は江崎さんの大正11年に対し、私の方が4年早い大正7年であった。私が事業を始めたのは23歳の時だが、江崎さんは40を過ぎて大阪に出て、今の事業を興されたわけである。

ふつう創業者として成功した人は、多く20代で事業を始めている。その点、江崎さんのように壮年になって裸一貫から開業して成功された方は珍しい。しかし、江崎さんはそれまで20年余り、佐賀県において、いろいろな商売をされ、時に辛酸をなめ、また成功もしておられる。そのような体験の蓄積が大阪でグリコの仕事を始められるについても無形の大きな資本となり成功に結び付いたのだと思う。

私が江崎さんにお会いしたのは昭和10年前後、江崎さんが50、私が40ぐらいの頃であった。業種は異なっていても、事業に対する信念、精神には相通ずるものを感じ、非常に尊敬の念を覚え、かつ意気投合したのであった。そして、これからも時折会って話をしたいということから、本文にある『文なし会』をつくり、そこに同じような経歴を持つ4人が後から加わったのである。（中略）それが戦後になって、他の4人はだんだん世を去り、10年ほど前から、また最初の江崎さんと私の2人に戻ってしまった。そういうことで、他の4人の分の友情も含めて、江崎さんとはずっと友好を深め続けている。歳は90と80でも、精神的には青年の如くというか40と30のような気持ちで、お互いの事業について、日本の将来について語り合う。

江崎さんは90歳まで現役の社長をつとめられ、会長になられてからも経営の最前線にあって、まことに意気盛んであり、私もそこに非常な励ましを感じ、江崎さんを精神的な支えとも思っている」

松下氏と江崎氏はお互いに心から尊敬し合い、共に向上していったのです。この事例から、学び合う友人を持つことの大切さを改めて感じるものです。松下氏は江崎氏の商道に共感・共鳴したと思われますが、その具体的な代表事例を、江崎氏が著書で述べている次の5つにまとめてみました。

○「私は1人の恩師のことを記しておきたい。商売のこまかな点は父が教えてくれたが、ほんとうの商売のあり方、すなわち真の商道精神を私にたたきこんでくれたのは、その人だったからである。

その恩人は楢村《ならむら》佐代吉という方で、近所に住んでおられ、もと寺子屋の先生といわれていた。田舎には珍しい篤学の士で、いつも私にこういってさとされた。

『商売というものは、自分のためにあるとともに世の中のためにあるものだ。商品を売る人は物を売って利益を得るが、買う人もまたソレダケノネウチの物を買って得をする。この持ちつ持たれつの間柄、共存共栄がなかったら、ほんとうの意味の商売は成り立たないし、発展もない。商売で大成しようとするものは決してこのことを忘れてはならない』

実はこれこそ、もっとも平凡でありながら、もっとも真理をついた商売の本質ではなかろうか。私は当時、子供心にそう思った。先生は子供の私にたいして、こうした心得をじゅんじゅんと説いてくださったのである。私は今日まで、この楢村先生の教えを守ってきた。このときに得た感激は忘れないし、いまでも私の信念になっている。

このことを、言葉をかえていえばこうなる。商売はもうけたりもうけさせたりの仕事である。売ったり買ったり、利便を図ったり図ってもらったりの相互利得である。

そこで立派な商人といえば、結局、立派な社会の奉仕人というわけにもなる。奉仕による相互利益こそは、商売の真髄であり、要諦である」

江崎氏がここで述べていることは、まさしく石門心学の教えでもあります。

◯「商売はあきない（飽きない）に通じる辛抱競争ともいえる。食事以外はすべて切りつめることにした。三年間、下着とゲタ以外、いっさいの新調を禁じた。そのため再婚早々の家内は、夜なべ仕事がふえ、シャツ、はだ着の洗たくから夜具のつくろい、夜食づくりとてんてこ舞いの忙しさであった。家族のほか、十四人の店員まですべての分を一手に切りまわしたのである。病気をしなかったのが不思議なくらいであった。

ただ、食事だけはケチらなかった。仕事をして、いちばん楽しいのは食事だということを知っていたからである。たまにコロッケなど洋食をつくってくれたときは、若い店員の顔が生き生きしたものだ。家内はこのほか、伝票の記帳整理も担当したので、『私はあのときの給料をまだもらっていない』とよく冗談をいっていた」

この個所には、梅岩の説いた「倹約」の精神が息づいています。

◯「商売というからには、だれもが一応は一生懸命やっている。それで当たり前。いわば『二二ンが四』である。大きな成功をおさめるにはそれだけでは足りない。努力に努力を重ね、常識のカベを打ち破り、だれもがやらないようなことをやってのけねばならない。『二二ンが四』を『二二ンが五』にも『二二ンが六』にもしなければならないのである。私が近江銀行の倒産にあって、第一銀行に走り、野口支店長にぶつかったのもその例である。熱意はやはり最大の力を持つものだ。『二二ンが十』にもなったのだから」

熱意・熱誠・情熱が商売の基本であることを江崎氏は訴えているのです。

○「資力が絶対優位でない限り、損を覚悟の向こうみずは決しておこなってはならないのである。商売の戦い、商戦での正攻法とは何よりも損をしない備えである。厘毛のマイナスもカバーし尽くして、厘毛の利も逃さないという万端の用意である。これならどんな長期戦にも対応することができる。また長期戦に耐えられれば、必ず勝つことができる」

地味に、こつこつ、辛抱強く長期戦で臨むことが弱者の戦略と語っています。

○「商売においては、消費者に喜ばれる商品を、適正な値段で売るのが発展の原則である。小学校の一年生でもわかることなんだが、これが実際にはむずかしいものなんだ。そして意味するところたいへん深いものがある。

私の座右の銘といえば、次のような言葉に集約されるだろう。

「事業奉仕即幸福～事業を道楽化し、死ぬまで働き続け、学び続け、息が切れたら事業の墓場に眠る」

江崎氏は、この言葉通り、終身現役を貫きながら、人生を全うしたのです。

第２節　人々への愛情を抱き続けた「商売の神様」・松下幸之助

前節で、江崎利一氏と松下幸之助のことに触れましたが、次のような心温まる２人だけのやりとりがあったことを、ここに追加しで紹介します。

戦後間もなく、江崎氏が67歳の時、長男で専務であった誠一氏が病気で亡くなりました。江崎氏の落胆は大きく、周りの親戚から「事業を縮小したら」の声を聞き、どうすべきか迷いました。そこで松下幸之助氏に相談したところ、松下氏は即座にこう言われたそうです。

「江崎さん、今さら何をいうのか。ここまで営々と築きあげたグリコは、もうあんた一人のものではない。日本のグリコだ。親類がどういおうとやりなさい。あんたがこれだけ広げたことはたいしたことだ。商売人が命がけでしてきたことだ。それをむざむざやめるというつらさは、一般の人にはわからないことだ。あんたは、これまでやったようにやるがいい。もう息子さんのことでくよくよしなさんな。

よし私があんたのところの重役になろう。なんでも相談に乗ろう。あとうまくいかんようやったら、私がうちの若い者を引っぱってきて応援する。お孫さんのことは引き受けたから、あんたはいままで通り積極的にやってほしい。いや、いっしょにやろうじゃないですか」

この言葉に、江崎氏は「ほんとうにうれしかった。涙が出るくらいありがたかった。いい友を持ったと、その友情にふるえた」と語っています。

このくだりを江崎氏の著書で読んだ時、私は松下幸之助氏の愛情溢れる言葉に思わず涙しました。なんと素晴らしい友情の披瀝でしょうか。お互いに苦労を重ねて自分の事業を成功させてきただけに、2人はこうした深い心の絆を築いていたのだと思います。

江崎氏は、この幸之助氏の言葉に勇気づけられ、以後30年間、亡くなる直前の97歳まで事業に打ち込みました。一方、幸之助氏は約束通り、孫の勝久氏が神戸大学を卒業すると、すぐに松下電器産業で2年間預かり、一社員として厳しく教育した後、江崎グリコに入社させています。

勝久氏は、その後、利一氏の下で副社長として8年間経営を学び、利一氏が亡くなって2年後に社長に就任しています。この間、幸之助氏も勝久氏に対し、幸之助氏独自の商人道に基づいた帝王学を授けたに違いありません。

こうした幸之助氏の人に対する愛情のこもった配慮については、多くの人が語っています。

その一人が、1956年、大阪大学を卒業して松下電器に入社した大西宏氏（元松下電器商学院長・元松下流通研修所代表・現ビジネスコンサルタント）です。大西氏は、自分は「松下幸之助氏から直接指導を受けた最後の世代の一人」と言い、幸之助氏との最初の触れ合いについて、こう語っています。

「私が、まだ30代の前半で代理店の出向経営者だった頃、会議のあとにパーティがあった。会議で私が事例発表をしたこともあって、松下幸之助会長（当時）と同じテーブルとなった。隣の席で、一目で出向とわかる若造の私に対する彼の気づかいは、ふつうではなかった。『そうか。あそこががんばってくれているのはよく知っていた』とほめてくれたり、『出向していると辛いこともあるだろうが、いい勉強になるで』と励ましてくれたり、『何か困ったことはないか』と聞いてくれたりした。それから彼は、自分の皿のすしを『若いから足らんやろ』とすすめてくれたり、ショーの新人タレントについて『あの子の名前知ってるか？あの子はな、○○というんや』と教えてくれたりしました。

彼のこの身を削るような気配りを受けて私が感じたのは『この人は地位や権力で人を動かすのではないな』ということだった。メーカーの得意先サービスや会社の従業員慰労というレベルではなく、上司が部下に対するようなものでなく、隣に座った若者に対する親のような愛情だった。私のその時感じた『この人のためならば』という思いは今も変わらない。

戦前、まだ社員が数百人だった頃、入社した社員すべてが、時々ひとりずつ呼ばれては、こんこんと親身に話を聞いたり聞かせてくれたりした内容を後年口々に鮮明に語っている。その多くが戦争に行くこととなった時、しんみり励まして、お守りと少なくないこづかいをポケットに入れて、『無事に帰ってくるのを待っているよ』と言った。

彼が、一見すると『頼りなげな』ふつうのおやじなのに、万余の人を使い、世界中の顧客から愛されて、奇跡のように会社を発展させた要因に、このあり余る『愛』の力があったことはまちがいない。それは業績をあげるためのものではなかった」（大西宏著『松下

幸之助『成功する力』実業之日本社・96頁）

この大西氏の指摘は、私も全く同感です。１９８０年代、私は松下電器産業労働組合の本部のセミナーに幾度か招かれたことがご縁となり、当時、各県に存在していた松下電器産業の工場での労組主催の講演会にもよく出講しました。

当時、どの大企業の労組も資金的に余裕があったことから、組合員のための講演会を開催するのが流行りでした。その恩恵を受けて私も、数多くの労働組合の講演会に出かけて行ったものです。

その時に感じたことは、松下電器産業の場合は、他の労組と違って、会社側との協調路線が濃厚に感じられ、会社側の人たちも講演会に大勢参加していたことでした。そして何よりも、講演会の前後の私へのもてなしが格段に親切であり、講演を終了してから帰途に就く時、いつも心温まる思いを抱きました。

つまり、労働組合においても、松下幸之助氏の精神が息づいていたのです。

そうした経験をしてきた私だけに、創業者の幸之助氏の生き方に人一倍の関心を寄せ、氏の著作を数多くしかも繰り返し読んできました。

その一冊に『人生心得帖』（ＰＨＰ研究所）があります。その中で、松下氏は次のように述べています。

「お互い人間も、ダイヤモンドの原石のように、見た目には光り輝くものかどうかわからない場合もあるけれど、磨けば必ず光り輝く本質をそれぞれもっている。つまり、各人それぞれにさまざまな知恵や力など限りない可能性を秘めている。そのことにお互いが気づいて、個々に、あるいは協力してその可能性を磨いていくならば、人間本来のもつ特質、よさが光り輝くようになってきます。そこに世の中の繁栄も、平和も、人間の幸福も実現されてくるとおもうのです」

小学校４年で中退し、大阪へ丁稚奉公に出た９歳の幸之助氏は、只々素直に勤勉に日々の仕事を一所懸命に取り組んでいるうちに、原石である自分が大きく変化していく可能性に気付き、以来、さらに己を磨き続けたのです。このことは、自分というダイヤモンドを光り輝かせる、自己愛の姿だと換言できます。

幸之助氏は人々を愛すると同時に、自分も愛する精神と行動で生涯を全うした人だと思います。私たちも、この幸之助氏の生き方に学び、仕事を通して、どこまでも己の可能性を磨き続けるという向上心を持ち続けたいものです。

第3節　石門心学の哲学を現代に活かす稲盛和夫

私の本棚には、明治以降の我が国の著名な創業者に関する書籍が並んでいます。その中で最も多いのが松下幸之助氏と稲盛和夫氏のものです。両氏の説く生き方に、私は大きな影響を受けた一人です。

特に稲盛氏は1932年生まれで、年齢的には私の4年先輩でしかも私と同じ九州の出身であり、戦後は私と共通した苦労の戦後体験をされた方であるだけに、親近感を抱いているからです。

稲盛氏が大学を卒業された1955年は私が東京教育大学に入学した年でしたから、当時のことを今も覚えていますが、その頃は全国的に大学生の就職が厳しく、「大学は出たけれど」の言葉にふさわしい状況でした。

私の大学4年間は寮生活でしたから、1953年以後に入学した大学院や大学に在籍する諸先輩たちが、就職が決まらず困っていた様子を目の当たりにして、私も卒業時に就職できるのかと常に不安を感じていました。

稲盛氏が鹿児島大学を卒業して京都の松風工業（日本で初めて高圧碍子を開発した会社）に就職したものの、会社の経営状態が思わしくないとのうわさを聞き、一緒に入社した5名のうち3名が辞めていったようです。

残った稲盛氏ともう1人も転職しようと考え、共に自衛隊幹部学校の入学試験を受けて合格しました。稲盛氏は入学の手続きのために、戸籍関係の書類を郷里から取り寄せようと実家に頼みました。稲盛氏とお兄さんから「入社早々、会社の悪い評判を聞いて、すぐ辞めるようなことはするな。ところが会社に入れてもらっただけでもありがたいと思って、真剣に働け」との返事がきたのです。

稲盛氏は、自分のために犠牲になって働いてくれた家族に対して申し訳ないことをしたと思い、会社に踏み留まって一所懸命に頑張ることを決意しました。

この決意が、氏の人生を大きく変えたのです。なぜなら氏は将来発展が期待できるエレクトロニクス向けの新しいファインセラミックス開発の研究を任されたことで、その後の成功のチャンスをつかむ道を歩むという幸運に恵まれたからです。

氏は新しい研究の業務に就くと、それこそ寝食を忘れて日々研究に打ち込みました。そして次々と成果を挙げ、1年半後には「フォルステライト」というフォルセラミックスの合成に成功しました。これはアメリカに次ぐ日本で初めての開発でした。

さらに、そのフォルステライトの特性を活かしてテレビのブラウン管用絶縁セラミックス部品を製品化することに成功したことで、氏の部署は売り上げを伸ばし、利益を上げることができるようになったのです。

氏は主任となり、やる気のある青年を採用し、さらなる飛躍を図ろうとしていた矢先、セラミックスのことが分からない新任の上司と衝突し、退社することになりました。

ところが「稲盛さんが辞めるなら、私たちも辞めて、稲盛さんについていきます」という部下が続出しました。その事態を見守っていた元の上司から、「私も辞める。そこで君の技術を活かすための会社を作って新しい製品を世に出そう」と励ましてくれ、実際にその元上司は大学時代の同級生で配電盤メーカーの役員をしている2人を説得して、資金と工場を提供してくれるように頼んでくれたのです。その結果、元上司、その友人2人、そして配電盤メーカーの社長が稲盛氏の事業のために資金と工場まで用意してくれたのです。

そうした協力者のおかげで、1959年4月1日、京都セラミック株式会社が設立され、従業員28名の体制でスタートしたのです。社長は配電盤メーカーの社長が、専務は元上司が担ってくれましたが、実際の経営は、取締役技術部長に就いた稲盛氏にすべて任されたのです。

幸いに稲盛氏が開発したセラミック部品がテレビやラジオなどに大量に使われるようになった時代の到来も手伝って、新会社は創業の年から黒字経営で推移することができました。

ところが創業3年目の春、前年に入社した高卒社員11名が、定期昇給やボーナスなどの待遇保証を求める団体交渉を申し入れてきたのです。

この団体交渉は、三日三晩、会社だけでなく稲盛氏の自宅でも続けられました。このことを通じて、稲盛氏は経営者として大きな成長を遂げることになるのです。

そのことについて、稲盛氏は著書『京セラフィロソフィ』（サンマーク出版）の「まえがき」でこう語っています。

「経営の経験や知識もない私は、『どうしたら、正しい判断をし、会社を発展させることができるのだろう』と、頭を抱えることになりました。

悩んだ末に私が思いついたのが、『人間として何が正しいのか』と自らに問い、正しいことを正しいままに貫いていくことでした。誰もが子供のころに、学校の先生や両親から教えられ、よく知っている、プリミティブな倫理観があります。例えば、『欲張るな』『騙してはいけない』『うそを言うな』『正直であれ』といった教えです。そのような普遍的な倫理観に基づいて、すべてのことを判断することにしたのです。

非常に単純な判断基準でしたが、それは物事の本質をとらえ、常に正しい判断を導くものでした。また、日常の仕事の進め方から経営のあり方、さらには人生万般に通じる、まさに原理原則と呼べるものでありました。

そのようにして、常に『人間として何が正しいのか』と、自分自身に問い、真摯に仕事や経営にあたり、人生を生きていく中から産まれた考え方が、本書のタイトルとなっている『京セラフィロソフィ』です」

この考え方は、まさしく石門心学の唱える生き方に通じるものです。

経営コンサルタントの山岡正義氏は著書『魂の商人石田梅岩が語ったこと』（サンマーク出版・33頁）でこう記しています。

「梅岩の思想とは、日本の資本主義やビジネス精神の原型をなすものであると同時に、世界を蔽う強欲資本主義に代わる、新しい経済原理のモデルとなりうる哲学も秘めた古くて新しい教えです。

それはどんな時代にも通用する商売の手引きであるだけでなく、人が人としてあるべき道までを説いた〝聖典〟であるともいえます。

将来の生活の不安、安定しない経済への不信……さまざまな悩みや迷いを抱えながらも、生きるためのたしかなよりどころを求める現代において、梅岩が残した思想は、揺るぎない生の土台を築くための有力な答えになるにちがいありません」

この山岡氏の梅岩の思想に対する示唆は、稲盛氏の京セラフィロソフィにもぴったり当てはまるものです。稲盛氏は事に当たって「動機善なりや、私心なかりしか」と自問自答することは多くの人の知るところですが、それは真の人たる生き方を追求した梅岩の姿勢につながるものです。それだけに稲盛氏の哲学が、氏の盛和塾を通じて多くの経営者に伝わることを期待したいものです。

第４節　勤勉の鬼に徹して成功した日本電産社長の永守重信

サラリーマンから独立して事業を続けていくことがいかに難しいかは、やった人でなければ分かりません。だからこそ、創業以来発展を続けている事業主の存在に注目し、その人に学ぶ必要があると思うのです。

大学時代から、サラリーマンになった後、いつかは独立したいと考えていた私は、独立に成功した事業主の体験談を、そういう方の著作を通してずっと学んできたつもりですし、その姿勢は今も変わらずに保持しています。

前節で取り上げた稲盛和夫氏は、私より4年先輩であり、年齢的にも近い成功者ですから、現役時代の稲盛氏の言動にはいつも強い関心をよせてきました。そして稲盛氏に次いで私が注目してきたのが、日本電産の創業者で現在の社長でもある永守重重信氏です。

私のカバンに常時入れている1枚のファイルがあります。それは1999年4月号の『日経ベンチャー』誌（2009年4月号から誌名が『日経トップリーダー』に変更）の「一念発起」の頁に掲載されている永守重信氏の「人の二倍働けば必ず成功する」と題する一文です。そこにはこう記されています。

「サラリーマンを辞めて事業を始めようとした時、母は猛反対した。だが、最後には『人の倍働けるか。それができれば必ず成功する』と言ってくれた。

どんな人間にも、どんな会社にも、一日二四時間という条件は平等だ。その中でどれだけ仕事に打ち込むかが成否の分かれ目になる。楽することなど考えていては到底、勝ち組に残れない。バブル崩壊後、当社の業績は飛躍的に伸びた。ハードワークを厭わない集団になっていたからだと思っている。（中略）

若い起業家にはこう言いたい。いまは日本人の大半が将来を悲観的に見ているが、そんな『常識』に惑わされてはいけない。体と頭を休ませず、フル回転し続ければ必ず飛躍するチャンスがくる、と」

私はこの一文を繰り返し読み返してきました。昨今は政府の「働き方革命」の政策によって、長時間労働を回避する動きが盛んですが、それはサラリーマンの世界のことであって、事業主の世界には関係ないことです。何度も言いますが、事業主には労働基準法の適用はありませんから、長時間労働は許されるのです。なぜなら、事業主にはサラリーマンと違って雇用の保証も賃金の保証もないからです。

私が独立する時、ある事業主から「人が遊んでいる時でも、仕事に打ち込めますか。事業主に趣味はいりません。仕事が趣味でなければならないからです。年中無休の精神で仕事に打ち込めたら、あなたも成功できます。ぜひその精神を忘れないように頑張ってください」と言われました。

その精神を忘れないためにも、私は独立時の名刺に「年中無休・二四時間受付」の一行を住所欄に印刷し、そのスタイルを今日も守っています。

今や、永守氏は稲盛氏と並び、日本を代表する世界的な名経営者と称せられるようになりました。その証拠に、1999年以来、毎年秋に開催される日経フォーラム「世界経営者会議」（優れた実績をあげたグローバル企業のトップが集まり、企業戦略・経営哲学・経営の最新トレンドについて議論する国際会議）において、永守氏は、これまでに4回も講演を行っています。この回数は講演者の中では最多であり、稲盛氏の3回の記録を超えています。

また、2014年1月、日本経済新聞が実施した市場関係者対象の「平成の名経営者ランキング」で、永守氏は第1位に選ばれました。続いて2014年11月17日号の『日経ビジネス』においても、「社長が選ぶベスト社長」ランキングで第1位に選ばれたのが永守氏でした。

こうしたランキングの結果からも、永守氏は世間から最も期待をもって見守られている創業者であることが理解できます

今から48年前の1969年10月に『日経ビジネス』は創刊されましたが、その創刊から10年間、同誌の販売責任者を務めたのが私ですから、当時の『日経ビジネス』を取り巻く経済・経営のニュースにはとりわけ関心がありました。

『日経ビジネス』が創刊される3年前の1966年、稲盛氏の京セラは米国大手IBMから大型コンピュータ用集積回路基板2500万個の生産を受注するという快挙を成し遂げました。しかもその最中に稲盛氏は37歳で社長に就任しました。

稲盛氏が大きな飛躍を遂げている頃、この様子を憧れの気持ちで遠くから見ていたのが、当時の職業訓練大学校電気科の4年生であった永守重信氏でした。永守氏は翌年、音響機器メーカー・ティアックに就職後、同社の子会社の取締役を経て、1973年に独立し日本電産を創業しました。

以来、永守氏は12年先輩である稲盛氏を京都が生んだ名経営者として尊敬しつつ、稲盛氏の成功の軌跡を追いかけながら、いい意味でのライバルとして稲盛氏の業績をいつかは超えたいと願い、今日まで頑張ってきたと思われます。

なにしろ永守氏は「一番以外はビリだ。二番でもいいという考え方はダメだ」と言いながら、絶えざる前進を考え続けている経営者です。

その永守氏の願望がよく表れているのが本社ビルの高さです。京セラの本社は1998年に建てられましたが、高さは94・82m、当時は京都一のビルでした。ところがその5年後に建てられた日本電産本社のビルの高さは100・6mで、目下京都一のビルとなっています。

２０１６年度の連結売上高では、京セラの１兆４２２８億円に対して、日本電産は１兆１７８３億円であり、その差は２４００億円強です。

日本電産は積極的なＭ＆Ａ（企業の合併と買収）戦略を展開しており、永守氏は２０２０年には売上高を２兆円にしたいと公言していますから、日本電産の売上高が京セラを超えるのは、時間の問題ではないかと思われます。

この日本電産の快進撃を支える永守氏の経営思想は、同社の「三つの経営基本理念」に現れています。それは次の３項目です。①最大の社会貢献は雇用の創出であること、②世の中でなくてはならぬ製品を供給すること、③一番にこだわり、何事においても世界トップをめざすこと。

特に①に関して、永守氏は次のように発言しています。

「貧しい農家で育っただけに、私は社員の誰よりも人の苦しみを知っています。一般の従業員がどれだけ解雇を心配しているかもよく分かります。だから、そんな恐ろしいことを私は絶対にしません。堀を埋められ城壁を壊されても、雇用だけは守り抜きます。当社にとって雇用は『天守閣』なのです」

この発言は石門心学の利他性に通じるものです。己の我欲を捨てて世のため人のために尽くすという利他の精神が、永守氏の心底に流れているのです。

２０１７年3月、永守氏は京都学園大学工学部新設の支援のため個人として１００億円以上を寄付すると発表しました。この行為も、永守氏の利他の心によるものです。今後の同氏の行動に対し目が離せなくなりました。

第5節　商人魂を発揮して成功したジャパネットたかた創業者の高田明

この章でこれまで紹介した創業者はすべて戦前生まれの人たちでしたが、戦後生まれで大きな成功を収めた創業者も、このところかなり出てきています。その中で私が最も注目しているのは、日本の直販業界で成功を収めたジャパネットたかたの創業者高田明氏です。

私は日経マグロウヒル社時代の10年間、直販ビジネスに携わりました。つまり専門誌のメーカーの立場にある日経マグロウヒル社が、東販・日販といった卸業者や小売店である書店を通さないで、雑誌を購読者に直接届ける体制を確立する仕事を担当したのです。

そのことから、私は出版業界に限らず直販ビジネスを手がけている他業界の人たちとも交流し、まだ揺籃期に会った当時の直販ビジネスの実態を学んだものでした。

その時から40年が経過した今日、今や日本でも直販ビジネスが無視できない存在になりつつあります。

現在の小売市場における流通形態別のシェアは小売店とスーパーで6割、百貨店とディスカウント・量販店で2割、コンビニ・通販・その他で2割の割合ですが、コンビニと通販は、他の部門よりも売り上げを伸ばし続けていることから、あと10年もすると、この両者は他の部門のシェアを食って、大きな存在になることは間違いないと思います。

現在の通販業界のトップテンは、2016年7月28日付の『通販新聞』によると、1位アマゾン（売上高9999億円）、2位アスクル（3150億円）、3位ミスミグループ（2401億円）、4位ベネッセコーポレーション（1805億円）、5位ジャパネットたかた（1559億円）、6位ニッセンホールディングス（1524億円）、7位ジュピターショップチャンネル（1394億円）、8位大塚商会（1391億円）、9位ディノス・セシール（1196億円）、10位千趣会（1139億円）となっています。

この10社のうち、私の日経時代にはなかった会社が、アマゾンとジャパネットとジュピターショップチャンネルと3社あります。この中で、ジャパネットたかたは、佐世保市のカメラ店からスタートした地方発の、どの大企業の翼下にも属さない独立独歩の会社ですから、独立を目指す人にとっては、その存在に興味が湧くはずですし、私もまさにそうでした。

長崎県平戸市のカメラ店主の次男であった高田明氏が、サラリーマンを2年で辞めて実家にもどり、両親・兄の仕事を手伝い、佐世保支店を任されて業績を伸ばし、1986年、その店を暖簾分けしてもらい、独立して設立したのが「㈱たかた」でした。その会社が現在の「ジャパネットたかた」の原点です。

高田氏が佐世保で事業を展開している頃、私は総合物流企業の大手㈱山九の管理職研修に携わり、当時、同社が創業者中村精七郎氏の出身地である平戸に幹部社員用の研修所（錬成館）を設けていたことから、その研修所に3年間、佐世保を経由して6回ほど出向きました。その経験から、高田氏の生誕地である平戸や氏の本拠地・佐世保について、ある程度は理解していました。

そんなこともあって、佐世保市で活躍している高田氏が、テレビショッピングで業績を伸ばしていることに強い関心を抱くようになりました。

そして次第にジャパネットたかたが通販業界のトップテンの仲間入りしていくという勢いには驚くばかりでした。その躍進の原動力は、まさしく高田氏のテレビショッピングにおけるトップセールスのユニークな活躍ぶりでした。

テレビ画面で見る高田氏の情熱的なセールストークを聞きながら、「この人はさすがに商家の出身だけに商人魂に溢れているなぁ」と感心したものです。

氏の出現で、全国津々浦々の老若男女の人々の大半が、それまで馴染みのなかったテレビ通販を利用した新規の顧客になったのだと思います。その新しい顧客は、同社のネット・カタログ通販にも次第に馴染んでいったのです。

その証拠に、２０１６年9月30日付『通販新聞』で「ジャパネットたかたは、家電量販で5位になっており、前々期からテレビショッピングの放送やチラシの配布タイミングに合わせて連動するコンテンツや商品をトップに持っていく『メディアミックス』施策などの成果が出たようだ」と記されています。

つまりテレビだけに頼らず、パソコン・スマホでのネット通販やチラシ・カタログによるカタログ通販にも力を入れているということです。

高田氏が佐世保市で創業して27年後の２０１３年、ジャパネットたかたは過去最高の利益１５４億円・売上高１４２３億円を記録しました。そして、その翌々年の２０１５年１

月に、氏は社長の座を66歳で、当時35歳の長男旭人氏に譲ったのです。このことについて高田氏はこう述べています（2016年6月16日付日経電子版）

「何でも自分で引っ張らなければ気が済まない私と違い、旭人は皆で考えながら進む調整型だと思いました。テレビに出ず、裏方として私を支える仕事をしていた彼は経営者としては私と真逆のタイプと思っていましたが、実は私と非常に似ている部分もあると最近思い始めています。決断が私の2倍くらい早く、人材育成・社内教育を充実させました。私が妻と育んできたジャパネットの理念を共有する力があると思いました。そこで私は会社を彼に託す決心をしたのです」

創業者にとって最も難しいのが後継者へのバトンタッチです。そのことをよく分かっている高田明氏は、熟慮した上でこのタイミングを選んだのでしょう。

後継者となった旭人氏は、久留米大学附属中・高校から東大理科二類に入学後、教養学部へ進学し、卒業後は野村證券に1年在籍した経歴の持ち主です。この経緯から推察できるように、高田明氏は優秀な後継者に恵まれました。

2代目の旭人氏は、2015年、2016年の2年間で社長として周囲から試されましたが、順調に業績を伸ばし続けています。

高田明氏は、その後完全にジャパネットたかたの経営から手を引き、新たに氏自身の事務所「A and Live」を設立し、地方創生の社会貢献の活動を展開しています。

佐世保市役所のホームページを開くと、2016年3月10日に佐世保市で開催された「地方創生フォーラムＩＮ ＳＡＳＥＢＯ」のトークセッションで、ベネッセホールディングスの前社長原田泳幸氏、ハウステンボス社長の澤田秀夫氏、そして高田明氏の３氏が２時間にわたって語り合っている動画を視聴することができます。

３氏の中でも、私は高田氏の「今を懸命に生きる」という信条の下で、全身全霊で仕事に懸けてきた生々しい体験談に感銘を受けました。

社員と顧客を愛する精神を片時も忘れず、商人道をまっしぐらに生きぬいてきた真の商人である高田明氏が、これから人生の後半をどう歩んでいくのか、その生き様を通して、私たちは超長寿時代の老後の生き方を学ぶことができるのではないでしょうか。氏の新たな挑戦に大いに期待したいものです。

あとがき

このところ日本歴史の見直しブームが起きています。幕末・明治維新の際に活躍した旧幕府の人材への評価、応仁の乱や関ヶ原の戦いにおける知られざる事実の発掘など、新たな問題提起がなされるたびに、歴史愛好家はそうした関連著作から目が離せなくなります。

そんな動きの中にあって、維新後の明治政府が「武士道」だけを国民の道徳律として取り上げ、それまで国民の93%が道徳律として信奉してきた「商人道」の基となる石門心学の存在を軽視した歴史的事実については、これまで歴史家の間で問題視されることはありませんでした。

加えて、戦後のアメリカ占領軍は、我が国の戦前の道徳教育を排除するという方針を貫いたため、石田梅岩も石門心学の存在も、戦後の公教育では全くと言っていいほど伝えられなくなっていきました。

しかし、江戸時代の寺子屋で全国的に広く教えられていた石門心学が、そうした政府や占領軍の一存で簡単に人々の歴史から消せるものではありません。

特に石門心学の発祥の地である京都や大阪では、明治維新から今日まで約150年間、人々の努力によって石門心学の学びは細々ながら続けられてきました。

その火種があったからこそ、このところ石門心学の集いの場が、各地で復活しつつあることは、先に紹介した通りです。

武士道は本来、江戸時代の藩に所属する武士たちの行動基準を示すものですから、そこでは武士は藩に対して絶対忠誠を誓う姿勢が求められました。その武士道の精神が明治以後もあらゆる組織に伝えられてきたために、今でも我が国のサラリーマンの心に知らず知らずの間に植え込まれてきています。

例えば、組織内で上司の方針に異議を唱える部下は、上司からはもちろん周りからも異端視されるという雰囲気は、昔も今も何ら変わっていません。その雰囲気に耐えられなければ、組織を飛び出し他の組織に再就職するか、自分で独立することになります。

ところが、日本の社会では、まだまだ転職や独立する人に対して、あまりいい評価を与えません。しかも中高年になって自らの意志で勤め先を変えるとなれば、年金・退職金などの面で不利な扱いを受けることになります。

そのように日本の誇る終身雇用制度は、サラリーマンの生活を定年まで保障するというメリットがあるかわりに、組織の命令に従うことをサラリーマンに強いることになるわけです。

こうした武士道の精神をベースにした組織運営が今後も存続していく限り、日本人の間で創造性や起業精神が今以上に活発になることを期待するのは難しいと言えるでしょう

したがって当然のことながら、定年まで大人しく組織に所属し、安心・安全だけを求めるサラリーマンが日本国中に生まれていくわけです。

しかも昭和30年代後半から、国民の8割以上がサラリーマンとして生きることになってきたため、この組織内で大人しく生きる生き方が国民の標準となっているのです。

今のサラリーマンは、江戸時代から戦前までの我が国では、国民の半数以上が自律自助の人生を歩んだことなど、到底考えられないのではないでしょうか。それほど、現在の国民の意識は昔と違って大きく変わってしまっています。

そんなことから、人生が長くなったことで、定年後は起業し、個人事業主となって独立独歩の人生を歩みせんかと、政府や自治体がいくら呼びかけても、それに応ずる人は100人に4~5人程度しか存在しないのです。

2017年6月5日付日本経済新聞は「日本のシニア起業家は国際比較で見ると高い水準ではない。世界の経営者が実施する『グローバル・アントレプレナーシップ・モニター

（ＧＥＭ）調査』（11〜15年）によると、先進国〔26か国〕シニア世代の平均起業率は４・６％。日本は４・０％で、18位だ」と報じています。

こうした国際比較からも、我が国の起業に対する後進性が見て取れます。

この起業に対する後進性の最大の要因は、江戸時代の日本人の前向きな心的態度を築いてきた商人道が、政府の施策で国民の間で流布されなくなったことにあります。

江戸時代の商人は、身分の安定した武士や、農村社会でその生存が保証された農民と違って、身分的にも経済的にも不安定な条件の中で必死に生きるしかありませんでした。だからこそチャンスがあれば、それに果敢に挑戦していったのです。その在り様を描いた次のような詩「商人の道」があります。

この詩はイトーヨーカ堂の名誉会長・伊藤雅俊氏が愛唱しているものです。伊藤氏がイトーヨーカ堂の社長時代、この詩が社長室に掲げてある写真を『日経ビジネス』誌上で見つけた私は、さっそく社長室長に手紙を出し、その詩のコピーを届けてもらったことがあります。

この詩は伊藤氏の座右の銘でもあります。

そこで、それを以下にご紹介しておきます。

「商人の道」

農民は連帯感に生きる
商人は孤独を生き甲斐にしなければならぬ
総ては競争者である
農民は安定を求める
商人は不安定こそ利潤の源泉として喜ばねばならぬ
農民は安全を欲する
商人は冒険を望まねばならぬ
絶えず危険な世界を求め、そこに飛び込まぬ商人は利子生活者であり
隠居であるにすぎぬ
農民は土着を喜ぶ　大地に根を深くおろそうとする
商人は何処からでも養分を吸いあげる浮草でなければならぬ
その故郷は住む所すべてである
自分の墓所はこの全世界である
先祖伝来の土地などと云う商人は一刻も早く
算盤を捨てて鍬を取るべきである

石橋をたたいて歩いてはならぬ
人の作った道を用心して通るのは女子供と老人の仕事である
我が歩む処そのものが道である
他人の道は自分の道でないと云う事が商人の道である

この詩を知って以来、拙著でもたびたび紹介したことで、この読み人知らずの詩が次第に人々の間で知られるようになりました。

この詩の「農民」の個所をサラリーマンと置き換えて読んでみると、商人（事業主）の厳しさが分かってくると思います。その厳しさが、定年後の自分に降りかかってくることを自覚し、それに耐える自分作りを今から始めていくこと、それには梅岩や石門心学が唱える「商人道」を実践し、倹約・正直・勤勉・感謝に徹する生き方を本気で身に付ける覚悟を抱くことだと思います。


ここまで読んでくださったあなた様に心から感謝申し上げます。

そして、あなた様のさらなるご活躍をお祈り申し上げ、筆を置かせていただきたいと存じます。

田中真澄・著者紹介

経　歴

1936年　福岡県に生まれる。
1959年　東京教育大学（現・筑波大学）を卒業し、日本経済新聞社に入社。企画調査部、販売局、社長室、出版局の各職場で14職務を担当。
1969年　日経とアメリカマグロウヒル社との合弁出版社・日経マグロウヒル社（現・日経BP社）に出向。同社調査開発長ならびに日経マグロウヒル販売（現・日経BPマーケティング）取締役営業部長として活躍。
1979年　日本経済新聞社における20年間の勤務に終止符を打ち、独立。有限会社ヒューマンスキル研究所設立。新しい形の社会教育家を目指し、日本初のモチベーショナルスピーカーとして活動を開始。『週刊東洋経済』誌8月17日号の若手講師ランキングにおいて、ナンバーワンに選ばれる。
2005年　ベンチャービジネス団体の「1万円出しても聴きたい講師」上位10名の中に選ばれる。

講　演

スピーディな語り口、豊富な板書、パワフルなパフォーマンスの3つの技を用いて、体系的にわかりやすく真剣に訴える熱誠講演は、多くの人々に生きる勇気と希望と感動を与え続けている。

講演は、あらゆる職種・業種・年代の人々を対象に行われている。

メールアドレス　masumit@rapid.ocn.ne.jp
ホームページ　http://www.pulse-p.co.jp/tanaka/index.asp

田中真澄・著書一覧

2005年以降の主な著書は次のとおり（累計91冊執筆）

『田中真澄のいきいき人生戦略』（モラロジー研究所）
『超高齢社会が突きつける　これからの時代の生き方』（ぱるす出版）
『正社員削減時代をどう生きる?』（ぱるす出版）
『やる気再生工場塾』（ぱるす出版）
『田中真澄の88話』（ぱるす出版）
『人生は今日が始まり』ポケットサイズ（ぱるす出版）
『人生の勝負は後半にあり』（ぱるす出版）
『百年以上続いている会社はどこが違うのか?』（致知出版社）
『100歳まで働く時代がやってきた』（ぱるす出版）
『小に徹して勝つ』（ぱるす出版）

CD4枚組『積極的に生きる』（ぱるす出版）
平成30年『田中真澄　卓上カレンダー』（ぱるす出版）

~日本の商人道の源流~　石田梅岩に学ぶ
商人道に学ぶ時代がやってきた

平成29年9月1日　初版第1刷

著　者　　田　中　真　澄
発行者　　春　日　　榮
発行所　　ぱるす出版 株式会社
東京都千代田区内神田1-7-4　晃永ビル2F　〒101-0047
電話 (03)5577-6201　FAX (03)5577-6202
http://www.pulse-p.co.jp
E-mail info@pulse-p.co.jp
カバーデザイン　ヨシノブデザイン

印刷・製本　ラン印刷社

ISBN 978-4-8276-0242-5